戀愛心指南3

相信愛情，嫁個好男人

孫明一　編著

愛一個人不容易，婚姻比愛情還難強求，
所以女人要活得自我又積極，以獨特的風景妝點這個社會。

本書是專為女人量身打造的愛情寶典，謹以此書獻給女人們。
為愛輾轉之時，切記

給自己多留一份關愛，既要做一個優雅的女人，
還要對愛情心存希望。

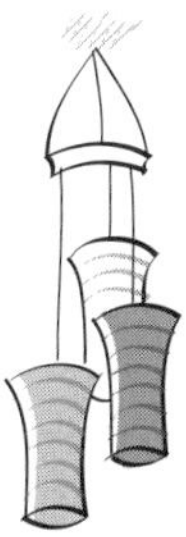

前言

愛情看似氾濫，實屬二十一世紀的第一奢侈品。

一個女人不怕單身，也不怕年齡究竟有多大，最怕的是被愛情「卡」住，婚姻遙遙無期，就會被冠上一頂不客氣的帽子——剩女。

很多人更願意稱「剩女」為「輕熟女」。一字之差，身分卻有了天壤之別。

輕熟女，泛指年齡在二十七到三十五歲間的待嫁女子，懂得生活，懂得自己，知道自己需要怎樣的生活品質，也知道怎樣的男人是適合自己的，所以寧缺毋濫，給自己時間去尋找心中嚮往的那份情感，哪怕周圍是越來越多不理解的目光……

輕熟女，有點事業成就，有點閱歷心得，有點社會經驗，還有點聰明才智，不是「被製造」，而是「自己造」，就因為生活安定，事業穩定，所以才不急著嫁人。當愛情越來越難單純，當婚姻越來越現實，相較於那些為婚而婚的女人，輕熟女更值得尊重！

愛情湊合不得，婚姻湊合不起！所以，輕熟女在愛情跟婚姻上的態度很明確——是百合就有春天，要嫁，就要嫁個好男人！

愛得起，嫁得好，是輕熟女的目標。

可是，在愛情這條路上，輕熟女早就明白：做女人有多迎合就有多失敗！過去對女人要求的三從四德，在當下已然不適用，恰恰相反，適時使點「壞」，讓男人對自己窮追不捨，這才是她們想要的結果……

想要真幸福，就必須嫁個好男人，輕熟女們早就明白這一點。

知道愛一個人不容易，知道婚姻比愛情還難強求，知道自己為什麼堅持，所以輕熟女活得自我，活得積極。她們有著獨立的生活空間，有著良好的職業規劃，還有很好的人際關係，除了愛情和婚姻，似乎什麼也不缺……而愛情和婚姻總是人生必經之路。

本書以尖銳的筆觸剖析了當下社會的愛情和婚姻，以理智的分析闡述給輕熟女們聽——認清自己，洞悉男人，最終嫁個好男人！

謹以此書獻給輕熟女們，職場奔波之餘，記得為自己泡上一杯香茗，靜品人世之美好，為愛輾轉之時，切記給自己多留一份關愛，既要做一個優雅的女人，還要對愛情心存希望。

相信愛情，就會嫁個好男人。

目錄

contents

第1章 chapter

認清自己，洞悉男人

Contents 目錄

Contents 目錄

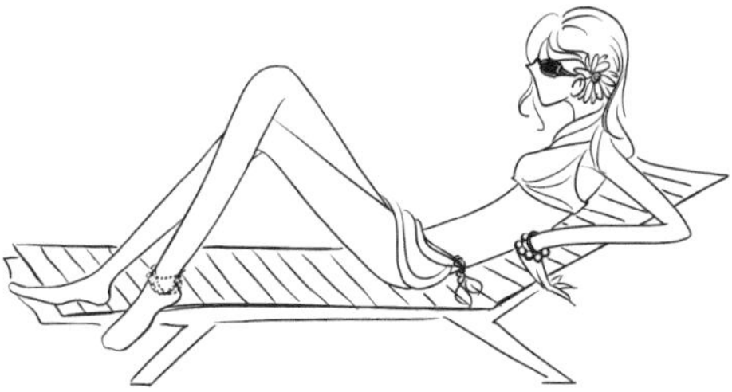

chapter 1 認清自己，洞悉男人

知己知彼，百戰不殆。認清自己的缺失，隨時修補，洞悉男人的不良動機，及時堵漏。

除非缺心眼，男人才會愛傻女人

曾有人在男人當中做過一個問卷調查：「男人究竟喜歡聰明女人還是傻女人？」

答案未出時，眾多女人開始撇嘴，紛紛表達自己的猜想，最後的結論一致是：「男人喜歡傻女人吧！傻女人好掌控，聽之任之。」

可結果卻出乎她們的意料，百分之百男人的選擇都是聰明女人。

於是，女人們開始不明白了，不是說男人都喜歡傻女人嗎？

於是，男人們開始笑女人傻，自己又不是缺心眼，怎麼會喜歡傻女人呢？

在男人眼裏，聰明的女人不僅是一個生活伴侶，還是一個很好的心靈伴侶，在男人迷惘或是迷路的時候，聰明女人總能適時伸出手拉一把；而且聰明的女人放在家裏是件愉悅的事情，她懂得如何面對自己的男人，知道男人何時需要安慰，自己何時需要撒嬌；最重要的一點是，在男人心裏，聰明女人還是自己職場上的好幫手，女人的心思細膩，男人更願意讓她去處理一些看起來細微，卻至關重要的事情。

一個聰明的女人，在男人面前不僅是風情萬種的尤物，不僅是男人職場上信賴的夥伴，還將會是生活中最好的調合劑，無論面對怎樣的問題，只要男人累了，她就會第一時間跳出來解決，做事絕對漂亮。對於男人來說，和聰明的女人一起生活，不僅是一種生活品質，還是一種人生體驗，人以群分，和聰明女人在一起，再笨的男人也會聰明起來。

一個聰明的女人，不僅僅通曉業務方面的智慧，生活智慧也無處不在。她不僅懂得將男人這只風箏放到天上，更懂得何時收線。如果男人就是不長進，犯了錯，她絕對不會吝嗇教育，就如同在教養一個孩子，男人在聰明女人的掌心裏，得到的不僅是疼愛，還有疼痛。能讓男人疼痛的女人，一定將男人裝進了心裏。

一個聰明的女人，最懂得適時裝傻，在男人不想被自己看穿時，她會傻傻一笑，絕對不會輕易打擾；聰明女人裝傻，是讓男人看出來，卻不點出來，對男人來說，是一種警示，是一種鞭策。遇上裝傻的聰明女人，男人的心一定是小心又小心，可他們就喜歡這種貓捉老鼠的遊戲，樂此不疲。

相對於裝傻的聰明女人，真傻的笨女人則只會讓男人感到乏味。一個不用智慧套牢男人的傻女人，只會風光一時，外在美沒了，愛也就沒了。要知道，兩個人之所以能夠相攜走完一生，靠的是內在。

身為輕熟女，不要相信男人喜歡傻女人之類的話，如果他在妳面前如此說，那只能說這個男人不夠自信，自愧不如卻又不想認輸，不得不如此推託。

這世上真正能愛傻女人的男人，怕也只有傻男人了，不缺心眼的男人，眼光高著呢。所以，努力做一個聰明女人，提升自己，打造自己，修煉智慧，就算男人都有眼無珠，女人聰明一點也不會吃虧。

不傷同類，不做小三

女人無論到了哪個年齡段，一旦遇上愛情，還是會方寸大亂。對於輕熟女來說，心智已趨向成熟，可一旦愛情來襲，還是會招架不住。就像唯嘉一樣，為了一個男人從二十幾歲蹉跎到三十開外，連青春的尾巴也抓不住了，卻還是無法自拔，不是愛情出了問題，而是婚姻根本無望，她愛上的是一個有家室的男人，這個男人奪去了她好幾年的青春時光，能給她的卻只有一句對不起。

所有朋友都勸唯嘉早做打算，離開這個無法給她婚姻的男人，她也不是聽不進去，也曾做過幾次掙扎，可越掙扎越發現，自己愛的還是這個男人，於是又回來了。儘管每週一次的見面變成一月一次，甚至開始有兩月一次的趨勢，可她還是捨不得離開，她說：「我就是愛他，怎麼辦？」

怎麼辦？當初周迅面對媒體，坦然承認李亞鵬滿足了自己對男人的所有幻想，可最後還不是橋歸橋，路歸路？

一個男人對妳千般好都不算真愛，只要他不能娶妳，這就不是愛！愛一個人，是需要婚姻來作保障的，特別是對輕熟女來說，歲月不饒人，感情需要，婚姻也需要。

身為輕熟女，愛之前就要給自己定下原則：有家室的男人堅決不愛！唯嘉如果聰明，就應該早些離開那個不能給自己婚姻的男人。一來對得起自己，二來對得起男人背後的女人，她是一直被妳傷害的同類。

不傷同類。對於女人來說，受到自家男人的欺騙已然可憐，若再受到同類的「追殺」，那簡直是可悲！妳敢說，這個男人今天背叛她，明天就不會背叛妳嗎？與其看著同類受委屈，不如大膽跳出這段三角戀，還同類一個公平，還自己一個輕鬆。

傷別人的人，總有一天會被別人所傷，做小三的人，總有一天會被小三還擊。

作為一個聰明的女人，開始就要學會拒絕已婚男人，不傷害同類，不做見不得光的小三。作為一個聰明的輕熟女，本身已然夠優秀，又何必非要為不屬於自己的男人「填床」呢？

自掉身價的事，遠離為上。

無意識曖昧，有意識去愛

聽過這樣一個段子，幾個男人在談論輕熟女時，是這樣說的：

A男說：「輕熟女聰明，一個眼神就能把我的心勾走。」

B男說：「輕熟女才笨呢，給她點曖昧就當是愛，根本不用負責任。」

C男說：「輕熟女不缺錢，只缺愛，男人不需要付出太多。」

D男說：「輕熟女想得開，跟她們上床只需要技巧。」

如果妳是輕熟女，聽到男人如此談論自己，心中做何感想？

在許多男人的眼裏，輕熟女思想成熟，舉止開放，不缺錢，只差愛，只要多做一些曖昧舉動，就足以打動她的心，然後拍拖，上床，一系列程式走下來，看似情人又非情人。哪天大家厭倦了，隨便揮下手就此做罷，反正輕熟女不會衝上來跟自己扯皮打架，一身輕鬆，完全不需要負責。

細想，輕熟女的年齡使她們確實需要男人的關愛，但只要愛，不要曖昧，這是原則。

輕熟女之所以讓男人躍躍欲試，完全在於她身上散發出來的獨特魅力，這是年齡的賜予，也是生活的饋贈。輕熟女舉手投足間散發出的女人味足以傾城，長眼睛的男人都看得到，心裏也都想得到，更試圖從她們的眼神裏尋找一絲曖昧的希望。在男人眼裏，輕熟女不經意的微笑或是一個抬手的動作，都是對他曖昧的表示，就像一顆熟透的水蜜桃，不用觸碰，蜜汁已然外溢，自然惹得狂蜂浪蝶亂舞紛紛。

其實男人們不知道，這只是輕熟女的習慣動作，不經意的流露，是由內向外散發的一種魅力，一種內涵，跟曖昧完全無關。如果此時男人當了真，那對不起，完全是他看走了眼。可就是有男人願意把這些曖昧當真，非要拼出全力去討一段情。這時候的輕熟女就要瞪大眼睛，看清楚站在妳面前的男人，究竟有幾分可取，有幾分可愛。無意識流露出來的曖昧，是不需要刻意抵擋的，但要愛就要有意識地去愛，將男人看穿，吃透，不給自己絲毫後悔的機會。

無意識曖昧，有意識去愛，這對輕熟女來說不是難事，只要一顆剔透玲瓏的心就夠。

如此想來，若再有男人大放厥詞，輕熟女就要堅決反擊，反問他們：我的眼神何時勾你的心了？為何我不曾記得？是你把曖昧當成了愛，還自私地認為愛不需要負責。不付出就想得到我的愛，你有足夠的資格嗎？跟女人隨便上床的男人，你以為女人就會珍惜嗎？！

給曖昧男幻想，不給曖昧男機會，讓他們自己折磨去吧！

給真誠男愛情，不讓他有機會再對別人曖昧，讓幸福早些來吧！

不惹泡良男

所謂「泡良男」，意指某小撮男人會趁女人情感出現不幸時，像知己、像兄長、像情人一樣，把能用上的浪漫、安慰及殷勤全用上了，讓不幸中的女人猶如見著了愛的曙光，大呼怎麼就不早遇上這樣好的男人?!於是，慣做飛蛾撲火的女人為愛再次燃燒了自己，飛出牆去與心裏的泡良男相會，甚至雙宿雙飛，以為從此看到了愛的天堂，以為就此會是天長地久。卻不料，女人還在燃燒之時，泡良男便開始想起了逃跑的對策，逃得及便逃，逃不及便玩消失，身在愛情海裏甜蜜地沉淪的女人，還沒來得及弄清楚事實真相，這場意外的愛情就嘎然而止。受了欺騙的女人，開始四下查找這個男人的蹤跡，一查二查才知道，這場愛情實在是意外，不僅僅只是自己失了身，那個所謂的優秀男人還出了軌，他們身後不僅有一個高雅美麗的女人，或許還有個幸福美滿的家庭。他之所以對妳好，不過是動了賊心，在他們眼裏，泡良家婦女是件很榮耀的事，比起那些需要花錢的女人，良家婦女從某種意義上說，不僅讓泡良一族的男人體驗了激情，解決了寂寞，還玩味了愛情。

男人出軌跟女人出軌完全不同。男人身動心不動，女人心動身才動。所以，男人在泡到女人之後，多半會選擇抽身而退，而女人則恰恰相反，之所以邁出了出軌的那條腿，就是想尋找一份新愛情，心動了，身動了，遇到泡良男卻又沒說法可討。

身為女人就應該記得，妳寂寞，男人也寂寞，妳在寂寞時會愛上男人，男人在寂寞時只會玩泡良！一旦被泡，非但妳良家婦女的形象從此不存在，這件事還會被他們解釋為：我犯的，不過是天下男人都會犯的錯。

所以說，泡良男，不是愛了，只是寂寞了，他們泡的是女人的寂寞，而不是女人本身！不幸的則是那些被泡的女人，錯把寂寞當成了愛！軟綿綿地被泡，硬生生地被拋！

泡良男聽似時尚，實則是一枚漂亮的鵝卵石，投進寂寞女人的心湖裏攪上一圈，波紋正美時，他們卻轉身走掉，只留下一場華麗的往事，讓女人去猜去想，猜不透想不通時，那就自個兒哭去吧！反正男人最不在乎的就是身體的盛宴，人家什麼也沒損失。不小心被泡的女人，除了學會自己療傷以外，自然討不來任何好處。

泡良男就像良性腫瘤，不及早清除，總有一天會惡化。作為一個聰明的輕熟女，堅決不能給泡良男機會。管他是單身還是已婚，發現苗頭不對，就要及時回頭，執刀剜割，只當是在為民除害。

輕熟女的愛情死在攀嫁上

輕熟女之所以難嫁，最大的原因不是緣分，而是攀嫁。

二十歲的女生找男朋友，看重的是英俊的外表和能令自己玩興大發的內心，她不會衡量家世是否相當，不會計較對方是否足夠優秀，只要能令自己高興，家人是否喜歡無所謂，愛我所愛。

三十歲的女人找男朋友需要的是綜合考量，男人的外表往往拼不贏內涵，而他的事業和為人處世方式更是需要細細琢磨的。不僅如此，連親朋好友的評價都會作為這場考量中的加分項。一句話：要找的不僅是一個男人，還是一種生活。

輕熟女安慧就是如此挑選男人的。

三十歲那年，安慧選的男友學識相當，並擁有不錯的職業，而且對她照顧有加，可是當她知道自己的閨蜜找了一個事業有成的男人之後，心便開始偏移。她不斷地找問題和男友吵，因為在安慧的眼裏，閨蜜不論哪一點都比不上自己，她希望自己也能找到一個事業有成的男人。

三十一歲那年，安慧終於找到一個事業有成的男人，在迅速甩掉前任男友之後，安慧決定和事業男好好開始。卻不料，條件夠了，寂寞也多了，事業男根本沒時間陪她，更多的時候只是丟張銀行卡，讓她自娛自樂去。一個女人心靈寂寞了，就容易想到男人的體貼，所以在第N次被事業男「放鴿子」之後，安慧痛下決心跟他分手了。

三十二歲那年，安慧很幸運地找到了一個既體貼又有事業的男人，可不幸的是，這個男人屬於二婚，雖說跟前妻離了婚，但因為有孩子，還是經常和前妻見面。感情上的糾結讓安慧受不了，每次看到人家一家三口在一起時的情形，她總感覺自己像個第三者，就在這時又聽說小時候的一個同學嫁到了國外，她的心又亂了。

三十三歲那年，安慧沒能找到老外，也沒能找到更好的男人，想要的愛情不知要等到何時才能出現。可安慧一直倔強地等待，在她心裏固執地認為，別人能嫁得好，自己一定也能嫁得好！而且絕對不能輸給別人！

聽起來，安慧嫁人好像在賭氣，其實她這是在攀嫁。

好男人層出不窮，但不能保證每一個都會愛妳；好生活日新月異，但不能保證好生活就會帶來真幸福。

對於輕熟女來說，愛情之所以來得遲，完全是因為自己不滿足，在潛意識裏不斷地比較，不斷地增加要求，以至於愛情沒有來，卻先死在了攀嫁上！

佛語有云，貪念多的人終會死在慾望上。對於輕熟女來說，攀比就是一種不被滿足的慾望，不斷攀比，慾望就會不斷放大，而妳終有一天就會敗在攀嫁上。

高薪不是愛的規則

輕熟女多是職場中的佼佼者，自身擁有高薪水，所以面對追求自己的男人，往往最先想知道的就是對方的收入。男人收入的多寡，直接關係到女人對他的崇拜程度，高收入不僅說明男人有能力，更說明這個男人會帶給女人安穩的下半生。

對於強勢男人來說，他不介意女人來問收入，甚至很樂意告訴女人一個具體數字，以達到令其安心的目的，同時也讓男人狠狠驕傲了一把。

對於弱勢男人來說，他很怕女人問自己的收入，要嘛含糊其辭，要嘛乾脆報一個模糊數字，想以此蒙混過關，一種自卑感油然而生。

娛樂圈引來不少非議的姐弟戀——大S和仔仔周渝民，他們的愛情曾經也算得上轟轟烈烈，可最終還是落了個分手的結局，大S以聚少離多為藉口，撇清了和仔仔的關係，而仔仔對此卻是三緘其口，直到很久之後被媒體逼急了，才坦誠說是收入不相當，女方總給自己施壓造成的分手。一言激起千層浪，很多普通男女都開始關注起另一半的收入，特別是男人，都在私下問自己，究竟能不能接受女人賺得比自己多，甚至也發生過女人因為男友賺錢少而分手的事。

對於男人來說，女人賺得比自己多是很不光彩的事，哪怕花的是自己的錢，可在外人眼裏，依然是吃軟飯的。

對於女人來說，男人賺得比自己少，也是件丟臉的事，自己哪裡都不差，憑什麼別人找的男人多情又多金？

當一份愛情因為薪水問題發生糾結的時候，怕已經不再單純了。真正的愛情應該不以物喜，不以物悲；真正的愛情更不應以薪水多寡來界定。作為一個輕熟女，收入已然不菲，錢多錢少只是存摺上的幾個數字，找一個真心實意對自己好的男人，這才叫王道。

高薪不是愛情的規則，高薪也不是評定一個男人成功與否的唯一標準。

一個好男人，就算收入低於女人，但生活品味卻不一定差。生活的關鍵在於品味，而品味的關鍵在於「品」，有「品」的男人才是最可貴的，不然有再多收入又如何？

一個聰明的輕熟女，就算收入高於男人，只要夠愛這個男人，就不要忘了小女人應該有的姿態。做一個體貼男人的女人，不僅能換來更多的疼愛，還會成為男人的驕傲。

清高的女人：不易歧途，卻易迷途

清高是女人愛情路上的大忌。

對於輕熟女來說，清高是其氣質中的一種，懂得運用是風情，不懂得運用卻是致命傷。

清高的輕熟女，往往在職場上遊刃有餘，情場上卻敗得一塌糊塗。

有一種輕熟女面對向自己示好的男人，總認為他們別有企圖，或長時間觀察，或乾脆避而遠之，不給對方靠近的機會，同時自己也失去了收穫愛情的機會。或許是不確定這個男人是否真的愛自己，也或許是不敢確信是否遇上了愛情，總之，再三猶豫就是不肯輕易邁出交往的步伐，不肯給男人一個肯定的答覆，往往錯失愛情；還有一種輕熟女是早就把男人看透了，清楚這個男人心裏有自己還是沒自己，對於有自己的男人她會不惜一切手段去折磨對方，認為只有經得起考驗的男人才是真的愛自己，對於不愛自己卻想玩曖昧的男人，她更堅決予以還擊，清高又精明。而最後的結果卻是一樣的，男人經受的考驗多了，等待的時間久了，自己就會退縮，自然不可能再有發展。

不可否認，清高是女人自我保護的天然屏障，男人做下太多錯事，所以才令女人不信任，面對示好，自然要做考量。這樣的女人不會輕易進入心機男的圈套，但也容易失去真心男的耐心，最後的結果往往是，不輕易入歧途，卻不小心讓愛情進了迷途，找不到方向。

面對自己愛的人一味玩清高，結局只能是人家戀愛去了，女友不是妳。

有句話說，伸手不打笑臉人。就算做不到天天開口笑，至少也要試著溫柔，要知道，溫柔永遠是女人的第一武器。

與其做一株無人能及的冰山雪蓮，莫如做回人見人愛的迎春花，對一個女人來說，不怕日子過得平常，只怕遠在深山無人問津。

因為怕傷害，所以裹足不前，抵擋了傷害，也抵擋了愛情，這是清高女人的悲哀。

作為輕熟女，練就一雙看男人的慧眼容易，走進一個男人的真心卻難。面對愛情，就要做到不輕易相信，但也不輕易拒絕，給彼此一個交往的機會，或許幸福就在不遠處。

遠離愛情剝削男

別以為只有封建社會才存在剝削與被剝削的關係，愛情也一樣，總有一方是受剝削的。別以為你付出的多就是人格高尚，在愛情這樁買賣裏，誰先付出誰就是被剝削者。

曾有一女同事，為人豪爽率真，處事得體大方，正是如花年紀時愛上了一位帥哥。雖說兩人都是普通上班族，沒多少物質條件支撐昂貴的浪漫，但該女還是在相識一周年的日子裏，送給男方一套價值一萬多元的航船模型套裝，後來又在對方過生日時，送上價值不菲的阿瑪尼西裝，戀愛過程中也不乏浪漫的小禮物……愛情雖然很美，但存摺卻開始出現赤字，但愛了就是愛了，該女覺得愛一個人就需要全身心付出，一點兒錢又算什麼呢？可讓人跌破眼鏡的是，她正愛得如癡如醉，帥哥卻突然提出分手！理由很多，最傷人心的便是那句「我不愛妳了」。直到分手很久之後，該女盤點這場愛情之旅，這才發現，自己不僅在感情上付出很多，金錢更是拋了無數！而那個帥哥，不僅沒付出多少，且聽說很快便跟一個富家女走到了一起……

該女這才恍然大悟——原來，自己遇上了愛情剝削男！

愛情中的剝削男，剝削的是女人的青春、愛情，甚至經濟。此等男人，確實可恨！且不說愛情是否純潔，單說以剝削為樂的這種人性本質，便足以令人唾棄！不過，愛情裏遇上剝削男，雖然是件受傷之事，卻總好過走進婚姻後才發現自己嫁錯了男人。

雪薇當年嫁人時有些匆忙，瞭解不夠深，因為年齡大了便匆匆走進婚姻。

起初倒還覺得老公為人尚可，進了門卻發現，對方著實可恨，新婚剛過便跑出去醉酒不歸不說，在自己懷孕的那段日子裏，他連句關切的話都懶得說。更要命的是，孩子出生以後，男人不僅不幫她照顧，還經常嫌孩子哭聲大了影響他休息。最讓雪薇受不了的是，孩子剛滿月時，娘家媽病了，她不得不騰出手來一邊照顧孩子，一邊跑回娘家看母親，而自己的男人卻待在家裏樂得清閒，彷彿這一切與自己不相干。如此多的事情發生之後，雪薇對這個男人越來越失望，雖說他在外從不拈花惹草，但面對這樣一個「三不管」的男人，她還是感覺到了莫大的失望！決定與他離婚。因為顧及孩子年幼，雪薇本想再給對方一

個機會，卻不料對方一句「我在家都是我媽照顧我，有什麼錯？」讓她感覺可悲又可笑，這才看明白，自己嫁的男人還沒斷奶，典型一個婚姻剝削男！

愛情中的剝削男，吃定的是女人對自己的愛，認為妳愛他就應該無條件付出。而婚姻中的剝削男，剝削的不僅是女人的感情、精力，還有耐心和修養，這樣的婚姻就算能堅持，也一定不幸福。婚內剝削的男人，必是不懂真愛不懂體貼的，不要指望他會在某一日良心發現改頭換面，有些剝削男永遠不會還妳公平。

聰明女人，就要及早發現剝削男，戀愛之始就讓他付出，就算愛至無果，至少自己還有所保留；不幸遇上婚姻剝削男，就一定要揭竿而起，告訴他，愛是互相的，付出也需要對等。男人娶回家來的是需要一生一世照顧的女人，不是朝朝暮暮來伺候你的保姆！

作為輕熟女，走進圍城之前，一定要看清這個男人是否值得自己愛，而自己的愛，又是否經得起他沒完沒了地剝削。

一句話，剝削男不可怕，可怕的是女人不覺醒，不懂得愛自己。

甘願被剝削的女人是偉大的，也是卑微的；不甘心受剝削的女人是聰明的，及早抽身為上策。

不做情傷男的炮灰

女人感情受了傷，就像小貓失去了玩伴，下一個更好的人出現時，很快就會感動並快樂起來；男人感情受了傷，就像小狗被人奪去了肉骨頭，不論再有多少愛，都難以彌補他內心所受的屈辱。

在愛情這件事情上，男人更看重面子。

情傷男是社會上的一個特殊群體，正因為之前感情上受過傷，所以他不會再輕易動真心。

朱娜曾經在二十八歲那年遇到過一個情傷男，兩個人是同事，明知他被前女友拋棄，正處在一種對女人不信任的狀態，可朱娜還是被他一臉的憂傷打動，主動靠近，不僅做了聆聽者，還義無反顧地做了安慰者，將男人裏裏外外照顧起來，毫不猶豫地跳進愛的海洋裏。雖然她知道，情傷男對自己感激多過愛，但她還是相信總有一天他會走出來，會發現自己的好。可是令朱娜難過的是，日子一天天過去，情傷男只享受她的好，卻不肯對她付出一點好，別說紀念日和生日這樣特別的日子，就連平時一起吃飯，情傷男也不記得為她倒杯水，甚至連朱娜喜歡哪道菜，他都不清楚。

可朱娜並不想放棄。沉浸在愛情裏的女人就是如此，越是失敗越是執著，甚至還會把自己當成守護神，以為受傷的男人是需要保護的孩子，母性的光輝總有一天能把對方溫暖。可她的算盤又落空了，情傷男依然享受著她的好，卻不肯給她一個肯定的身分，就連被朋友碰上，也只是指著她介紹說是同事。最讓朱娜受不了的是，在最近出差的一個月裏，她天天對情傷男牽腸掛肚，可還是不斷有風言風語傳進她的耳朵裏，說情傷男泡夜店泡女人，無所不為。忍著心痛，朱娜中斷了出差偷著跑回來，看到的果然是情傷男的出軌行為。朱娜忍不住指責他，卻不料，對方一臉無辜地反詰：「我們之間什麼也沒有呀，妳憑什麼管我？我以前的女朋友從來不管我！」這時候的朱娜才明白，在情傷男的眼裏，自己只是一個安慰者，孤單時的一個陪伴者，就算前女友背叛他也好，傷害他也罷，在他心裏對方永遠是正位，自己什麼也不是。

其實，朱娜完全做了情傷男的炮灰。對方將她點燃，卻不給她希望，當她燃盡了才發現，自己死在情傷男面前，而且還是心甘情願的。

作為輕熟女，堅決不要做情傷男的炮灰，不論他有多迷人，不管他有多傷心，絕對不要氾濫自己的母性，男人這東西，越輕易得到越不懂得珍惜。不做無用功，不做炮灰，情傷男是如何受傷的，就讓他如何恢復。

一個真正傷了心的男人，是很難有心情再去愛下一任的，他心裏記著的除了對前任的愛，就是對前任的恨，根本沒有縫隙讓妳的愛滲透。

可以好色，僅止於色

愛美之心人皆有之，愛美之男遍地皆是。

對於愛美男，可以分為好色跟花心兩類。

好色，顧名思義即喜歡美的東西。好色男，喜歡的則是美女。擁有自由身時，他們眼裏喜歡的美女很少，不是這個眼皮單了，就是那個臉盤大了，嬌小的不豐滿，豐滿的不骨感，總之，單身男人的眼睛裏漂亮女人太少。就算女人長了一張范冰冰的臉，他們還會要求對方擁有夢露一樣的身材；如果真有這樣的女人，他們又會要求女人長成林憶蓮那樣的風情小眼，或者舒淇那樣的性感嘴唇……總之，擁有自由之身的男人，眼光高，心氣足，以為自己帥到只有美女才能配，所以他們就算逛街也不願放棄看美女的機會，期待著天上會掉下屬於自己的林妹妹！而一旦進入婚姻，不再是自由身的男人，就算娶回了天仙，日子一久也會像得了厭食症一樣，總感覺對門的阿嬸別有風情，更別說路上的美女如此招搖。可惜的是身不自由，自然眼睛也不再自由，好色男們不得不一邊用嘴巴欺騙家裏的女人，再一邊用眼球瞄著門外的風景，祈禱著，就算得不到，看一眼也值得，畢竟是秀色可餐嘛！

花心，這就不好了，人心不正，實在可惡。而一個對待感情過於花心的男人，則是大大的可惡之徒！對於花心男，他們眼裏感情深時是一種點綴，感情淺時連點綴都算不上。曾經的女人不過是他們征服的一塊路碑，過境之後，路碑失效，他們要的是前面的風景，吐故納新，風景永遠有，花心男的心永遠停不下，愛上這類男人的女人除了暗歎自己命不好之外，或許離開才是正途。花心男要的是天下秀色，若是再配上一定的財富，那他們很有可能天下無敵！就算財富不夠，花心男也願意花心思去打動女人，當然，就像釣魚一樣，女人不要以為花心男對妳動了心思便萬事大吉，有釣魚經驗的人都知道，魚咬鉤的瞬間，確實吃到了魚餌，但也從此失去了性命。與其死在花心男的魚鉤上，不如早早脫險！

如果說好色是本性，那花心就是品質問題了。君子好色，納之有理，如果男人的本性是好色，那麼看幾眼也便罷了，但花心是萬萬要不得的！試問，一個品質上出了問題的男人，就算女人有三頭六臂，那也只能拉得回人，還能拉得回心來嗎？

好色男多為視覺動物，喜歡看，卻不行動。這類男人要嘛經濟實力有欠缺，要嘛對門內的女人心存畏懼，心知有些美景是需要付出的，所以能私飽一下眼福便已覺得知足，於無人的夜裏暗自意淫一番便覺是樂趣，又或者貼了某明星照片於牆上，得了空閒便幻想，明知得不到，卻寧願來一場不見得多高尚的柏拉圖式精神戀愛；而花心男人花在心上，心思一動，手腳也衝動。做花心男是有條件的，必是有錢有閒有心情，遇上美女還要有付出有耐心有毅力，其不達目的不甘休的勁頭，是一般戀愛無可比擬的。然而，此時的女人千萬不要讓他得逞，得逞之日也便是被花心男拋棄之時，花心男要的不是天長地久，只是曾經擁有。

這年頭，女人管得住的是男人的眼睛，潑辣些的可以將他的眼珠挖掉，婉轉些的也會伸手將其視線遮擋，告訴他可以妄想，但不能妄行！可女人管不住的是男人的心，就算他天天在妳眼皮底下打轉，可老虎也有打盹的時候，說不定一個轉身，他又奔赴美景去了！別指望男人能一生一世對一個女人忠誠，聰明女人莫如大方告訴自家男人——你可以好色，但不能花心！然後大大方方地尋找捷徑提升自己，要知道，完美的女人就算被自家男人厭倦了，牆外的眼睛卻盯著呢。

可以好色，僅止於色。這是花心男人必須遵守的公約。

作為輕熟女，就要明瞭男人的花心與色心。給他眼球享受，但堅決不給他出軌機會！

輕熟女背後都有一個亞情人

顧名思義，「亞情人」並非有真感情的情人，跟亞健康一樣，是非正常狀態下的一種情感方式，類似於情感小三，託付情感卻不交付身體，看似純潔的男女關係，實則已經讓彼此的交往變質。

輕熟女薔薇戀愛多年，與男友感情相對平穩，事業上也有了好的發展，朋友一直把她當榜樣，覺得一個女人家庭穩定，事業上升，算得上美滿又成功。卻不料，一次偶然的機會，卻讓朋友知道了她的一個小秘密——她在公司有一個十分要好的男同事，兩人不僅工作上相互支援，生活上相互關心，每天午餐必是一起吃，且還會時不時發個簡訊提醒對方注意休息。甚至，薔薇在情感上也十分靠近該男同事，兩人經常打著同事聚餐的名義約會，一起吃飯，看電影，唱歌，模樣勝似熱戀的情人。據說這位男同事也有女朋友，且沒有分手的跡象，情感走到這一步，大家紛紛猜測他們的關係不一般，於是便有好心人開始勸她，什麼維護忠貞的重要性，什麼女人的原則，甚至連家人都搬了出來，只差涕淚橫流地指責薔薇這一步錯得太離譜！卻不料，朋友這頭急得跟熱鍋上的螞蟻似的，薔薇卻早已經笑得人仰馬翻，她說：「你們想多了，我跟他的確有感情溝通，但發乎情、止於禮，沒你們想得那麼不堪！家庭需要維護，生活需要創造，職場需要打拼，我已經活得很累了，沒個說話的人能行嗎？家裏那個早已經無話可談，能維持並不背叛男友，我已經算對得起他了。」

薔薇的話讓眾人無言以對。愛情和婚姻一樣，時間久了容易疲憊，從激情到親情，味道變了，兩人的心境也跟著發生了改變，天長日久的磨礪不僅磨掉了彼此的激情，也讓兩個本來很恩愛的人變得越來越陌生，可就算如此，也還是找不出對方有什麼大錯，所以只好維持著走下去。可是，需要維持的感情是最累人的感情，所以，有人寧願在職場上、在生活中找另外一個異性來填補這份遺憾。因為知道情人不易做，所以就心知肚明地充當彼此的亞情人，不談情卻彼此懂得，不說愛卻彼此付出，身體不接觸，靈魂卻無時無刻不在碰撞！這種曖昧看似為人所不齒，實則卻是人人需要，在不愁吃穿的年代，似乎每個人都成了情感的棄兒，都需要一個激情的聆聽者，而激情往往存在於婚姻之外。

小三不講道德，肉體出軌太無恥，情感出軌卻有所不同，正如薔薇所說——已經活得很累了，沒個說話的人能行嗎？是的，人是情感動物，需要交流也需要聆聽，當一個人離自己越來越遠時，必會有另一個人離自己越來越近，這是一種情感渴求。在物慾橫流的當今社會，亞情人很好地填補了這個空白，不會危害各自的感情，不會破壞身體上的純潔，要的只是精神上的偶爾安慰：有它，生活過得更有滋味；無它，生活依然繼續。就像一枚安靜的棋子，把握得好自己，就能很好地利用它，是曖昧，也是享受。

古語有云：弱水三千，只取一瓢飲。如今應該是：曖昧三千，只取一瓢飲。想要飲得盡興，就請一定把握好它的量，曖昧如酒，過度傷身！

對於輕熟女來說，亞情人可以有，但曖昧不能有。

和亞情人之間是感情也好，友誼也罷，接受他身上的優點，學習自己要汲取的東西，但堅決不讓這種感情超越邊界，讓這種超乎友誼卻止於曖昧的感情更好地為自己服務。

不怕失戀，就怕欠修煉

男人愛情失敗了，有很多發洩方式：喝酒，打架，甚至再泡女人，只要不是殺人放火，只要能洩心頭之憤，什麼都可以做。

女人愛情失敗了，卻大多會躲起來偷偷哭泣，別說見人，連自己都不想見自己。

對於輕熟女來說，愛情比職場還易失敗，這絕對不是危言聳聽，職場失敗，可以瀟脫地拍拍手說：做女人真累；若是情場失敗，怕是沒有任何藉口可以拿來辯解的。要知道，愛情就是一場男女之間的單打獨鬥，敗陣的一方永遠沒有翻身的機會。

可是，一次失敗不等於永遠失敗，敗給一個男人不等於敗給所有男人。作為一個輕熟女，不怕失戀，就怕欠修煉，除了懂得適時放下之外，還要學會勇敢地適時拿起。

對於傷過自己的男人，輕熟女有權說「不」，但不要輕易去恨。

之所以恨，是因為妳還忘不了當初他的好，妳還記得過去的一切，活在回憶裏，越恨越難忘記。與其浪費力氣去恨一個不再愛自己的人，不如花力氣好好打扮自己，尋找下一個更值得愛的人。

對於愛過自己的男人，輕熟女一定要心存感激，哪怕勞燕分飛無緣再續，如果見面一定要道一聲謝，大大方方地告訴他，沒有他當初的愛，自己不會成長得這麼快；同時也明確地告訴他，既然分手了，再愛也是枉然。把愛以感激的方式還回去，成全自己，放下過去，輕鬆了才好上路。

男人是女人一生的情人和敵人。

愛情是女人一生的修煉與期待。

失去的愛情再可惜，只要無法回頭，那就應該早早放下，忘掉。就像一件丟失的精美玩具，再美再喜歡也已經不見了，與其活在傷感裏，不如著眼於下一件，不論下一件玩具是否完美，至少它才是真正屬於妳的。

失去的男人無論是好是壞，身為女人都要停止幻想，他已經變了心，好與壞已經跟妳沒有關係，不過是一個陌生人，與其花心思去回憶一個陌生人，不如找個朋友喝喝茶聊聊天。

別說放不下，放不下是因為妳還沒有傷夠。

別說忘不了，忘不了是因為妳拒絕承認真相。

對於輕熟女來說，不怕失戀，就怕欠修煉。就像民間故事裏的白蛇一樣，如果非要中止修煉下到凡塵，那也只能受盡人間疾苦！

一個聰明的輕熟女，總會在千錘百煉的愛情裏成長，汲取每一次戀愛的經驗，有了營養，有了堅強，有了修煉，還怕看不穿男人的心嗎？

對愛妥協，但不對男人低頭

輕熟女強勢，這種強勢源於職場的磨礪，是不得已而為之。面對愛情，輕熟女亦懂得妥協。

三十歲的梅子是職場裏的女超人，身處人事鬥爭激烈的市場部，卻憑自己的真才實幹一步步坐上部長的位子。在外人眼裏，她是一個言行謹慎、處事果斷的女人，素有「鐵娘子」的稱號，叫的人多了，梅子自己也不自覺地往職業女性的路子上走。可女人畢竟是女人，她還是對一個男人動了心，且不由自主地陷了進去。而對方彷彿也吃定了她的愛，做事從來不考慮她的感受，人前人後總拿她出來做炫耀，彷彿能讓梅子這樣的女強人來追求自己是件無比光榮的事。對於男友的炫耀，梅子雖說也看不慣，也會生氣，可只要對方一個電話，或一個笑臉，她還是會身不由己地原諒，然後又忙不迭地為對方付出。朋友們終於看不下去了，紛紛勸梅子沒必要為愛如此犧牲，可她卻堅決搖頭，反駁說：「我只是對他做了一點小妥協，算不上犧牲。」

在梅子的縱容下，男友出格的事越做越多，最讓她難堪的是，自己明明在出差，跟外地客戶馬上就要簽約時，男友突然打電話喊著自己病了，要她回來照顧，甚至還限時說今天不回來，明天就分手。這話怎麼聽怎麼像小孩子辦家家，可梅子還是心甘情願地丟了合約跑回來，雖然感情是挽回了，可客戶卻丟了，為此上司在公司大會上毫不留情地對她做了批評。然而這些批評都比不過男友的一句讚美，梅子在職場最失落的時候向對方提出了結婚的請求，卻不料，男友一副沒玩夠的表情，堅決不同意結婚。這時候的梅子，心開始痛了，她不明白，自己如此妥協，如此愛對方，為何連句婚姻的承諾都收穫不到呢？

男人有時候就是不知足的動物，妳給他自由，他就渴望翅膀；妳給他縱容，他就不知天高地厚；妳為他一次次妥協，他絕對不知感恩，只會認為這是妳的性格，甚至覺得是應該的。而梅子之所以把握不了這段感情，遠非妥協那麼簡單，她是在不斷地向男人低頭，認為愛上對方自己就要完全低頭，甚至把這種低頭當成了愛的砝碼，卻並不知道，在男人眼裏，一個輕易低頭的女人是沒有吸引力的，更不值得欣賞。

作為輕熟女，可以對愛妥協，但決不對男人低頭。畢竟，愛太高尚，可遇不可求，對它妥協只是為了更好地去愛；而男人的要求卻是沒有止境的，對他低頭，除了助長他的不成熟，還會讓自己失去身價。

因此，可以對愛妥協，但絕對不要向男人低頭。

每個女人心裏都有一個哥哥

女人如水，天性溫良；男人是山，骨子裏有無窮的英雄氣概，所以才有了男女之間的制約——在女人的眼裏，男人就是要保護自己的；在男人眼裏，女人就應該小鳥依人。

可是，出了愛情範疇，沒有哪個女人願意在陌生男人面前表現軟弱，更沒有男人會主動跑到不相識的女人面前做英雄。而人的情感是無限的，除了自己愛的人，總會有那麼幾個心儀的異性，明知走不到一起，卻還是不希望就此撒手，所以聰明的女人就發明了對男人的另一種稱謂——哥哥。

每個女人心裏都有一個哥哥，這個男人是女人心中的一個符號，不到萬不得已絕對不會示人。這個男人對女人來說，是一種被呵護的感動，是有了大事便能跳出來安慰自己的靠山。

對於女人來說，哥哥不需要多，一個就夠，只要他夠寬容，善於聆聽，懂得憐惜，並能及時指出自己的錯誤就行，比藍顏要遠些，比知己要近些，感覺剛剛好。這個哥哥不僅有兄長般的呵護，還有父親般的智慧，在自己感情和生活受創的時候，他能第一時間被找到，這就夠了。

女人對於哥哥式的朋友很滿意，並且願意一輩子走下去，成為他心中唯一的妹妹。卻並不知道，男人心裏遠不止妳這一個妹妹。

有一首歌唱道：你究竟有幾個好妹妹？把這個問題拋給男人，其實他自己也不知道，反正多一個不多，少一個不少，不是他粗心，也不是他博愛，只是他們對妹妹式的女人遠沒有妳想像當中那樣用心。

在男人的眼裏，女人只分能愛和不能愛兩類，介乎這兩類中間的妹妹式女人，只是他生活的一種調劑，他願意付出真誠的幫助，也只是因為感情正處於空檔，一旦自己感情世界忙碌起來，妹妹式的女人在男人的腦海裏就徹底消失掉了。

對於男人來說，他只是外表強悍，內心也有脆弱的時候，妹妹式的女人只能滿足他外在的強悍，而知己式的女人才是他心靈的歸屬。所以，別指望男人會對妹妹式的女人用心思，不過是在適當的時候，這個妹妹讓他表現了一把大男人的英雄主義；更不要以為在男人的心裏，作為妹妹的妳是單純又可愛的，只是他對妳暫時沒興趣，妳晉升不到能愛的程度，僅此而已。

其實，女人也越來越明白，當哥哥式的男人越來越冷漠，甚至懶得接電話時，自己就應該把心思收回來，試著和愛自己的男人去溝通。每個男人天生都有做哥哥的資質，好好挖掘，讓愛人變成情哥哥，這才是最完美的結局。

當然，對於輕熟女來說，把不愛的男人變成哥哥式的朋友，那是對自己的一種保護，讓他疼妳卻愛不著妳，讓他在親情上滿足，在感情上遠離，這樣做不僅保全了男人的面子，也為輕熟女自己保留了一份人脈。

有用女人，不愛無用男人

做人總有成敗之分，在愛情當中，一個成功的女人一定不能嫁給一個失敗的男人。

輕熟女敏敏在二十九歲那年差點將自己錯誤地嫁掉。當初和男友相識時對方還算事業有成，雖說資金流動出現了問題，但總算能夠勉強維持，因為兩人交往不深，所以敏敏也不多問。只是每次約會時，總能聽到男友唉聲歎氣，看著表情抑鬱的男友，敏敏不由得心疼，試著問起生意上的事，可對方十分敏感地表示，這是自己的事，作為男人他能解決，一番話說得敏敏再也不敢過問。

交往半年之後，男友的公司徹底斷炊，債主幾乎天天上門，男友開始躲債過日子，看著他一臉的頹廢，敏敏心疼地拿出自己的存摺想幫他一把，這一次男友倒沒拒絕，錢拿到了，可僅一天工夫就當債抵了出去，根本就是杯水車薪。這一次連敏敏也無計可施，那段日子兩人一見面，常常一句話也沒有，愁顏相對。後來，敏敏提出乾脆關門，重新找專案再創業，可男友卻堅持不放手，他說只要再有一百萬，自己就能翻身。已經有了感情的敏敏不得不去四處借債，當她把一百萬一分不少地送給男友之後，還一臉憧憬地希望好運能到來，卻不料，沒幾天男友就因為急於翻身而被一個外國商人欺騙，錢又賠了進去。這一次，連段敏敏感覺到了絕望，一場戀愛沒讓她感覺幸福，卻讓她背下了一身債。

走投無路的敏敏希望男友能就此罷手，腳踏實地重新開始，可男友已經頹廢得連飯都不吃了，看著他難受的樣子，敏敏又不顧家人反對，提出要嫁給他。可她千想萬想也想不到，聽了她的話，男友連句道別都沒有，第二天人就消失了，後來發來一條短訊，竟然說敏敏嫁給自己不是因為愛，是因為憐憫，而他不需要這種憐憫，所以走了。

這時候的敏敏才真的是欲哭無淚。她怎麼也沒料到，自己用心愛上的竟然是一個如此無用的男人，事業沒了可以重新來，可若是自信也沒了，那還能強求他做什麼？

看過這個故事，首先要說的一點就是，敏敏的男朋友不僅自信沒了，自卑也同時被事業的挫敗放大了，以至於連真心愛自己的女人都無顏面對。這樣的男人說得好聽點叫懦弱，說得不好聽就是無用！他不敢面對失敗，不敢面對真相，可生活是現實的，不面對怎麼解決？然而他就是沒勇氣，所以逃了。

其次對於敏敏來說，與其在一個無用的男人身上浪費感情，不如做好自己，做一個有用的女人，強大自己的內心，強大自己的事業，天下男人有的是，值得愛的也不少，何必在一個扶不起的阿斗身上下工夫？

做有用女人，不愛無用男人，因為妳犧牲得再多，也挽救不了一個無用的男人。

輕熟女當自強，上床必要三件套

別以為只有過去結婚時，女人才需要三大件，如今雖說社會開放了，女人解放了，但上床也不像男人所想的那樣隨意，女人當自強，上床必要三件套——房產證、結婚證、保險套。

先說這第一套：房產證。一套房，無論大小，總要有地方避風雨才行，很多男人都說當今的女人越來越現實，張嘴談的不是房子就是車子，似乎離了票子就無法戀愛。但他們卻忘記了，女人之所以關心這些，無非是想給將來的生活添一份保障，就算男人沒有車子，可兩間瓦房總是要有吧？就算是神話裏不顧一切只求愛到天長地久的七仙女下凡，人家董詠家裏還備著三間茅草屋呢！就算地當床天作被是無量的豪情，可在眾目睽睽之下，哪個女人好意思跟你親近？所以，沒有一張房產證自然免談。

再說第二套：結婚證。這個證說難不難，說易不易，經過了瞭解，考查了歷史，對比了條件，兩個人才能牽手走進婚姻。沒有哪個正經女人跟男人一對眼就上床的，也沒聽說哪個男人輕易跟女人上了床之後，拍拍屁股還會誇讚這個女人賢慧優雅的，占了便宜還賣乖的男人多了，聰明女人自然明白一個道理——寧可多付出感情，也不要輕易付出身體。感情再殘再傷，至少心靈是內在的，外人道行再深也看不出痕跡。而身體一旦付出，就算女人再開放再不在乎，說不定哪天冤家路窄，跟前任男友再相見，定會遭受對方發自內心的嘲笑，得了便宜的男人心理上總占著優勢，柳下惠式的男人早已絕跡。所以，有了結婚證再上床，不僅是為愛情上了保險，還是女人為自己的自尊上了保險。

至於第三套：保險套。這個不需多說了吧？上床是兩情相悅也好，是為了某種目的也罷，但容易吃虧的終還是女人。就算再放蕩的女人，缺失的也只是心靈，身體的缺失勢必會惹出事端，多事的身體一旦惹上麻煩，疼痛還是要女人來承受的，所以，保險套必不可少。

社會發展太快，感情基本在「閃」，所以，女人當自強，上床必要三件套。

說到底，女人願意跟一個男人牽手、戀愛直至走進婚姻，其實是需要極大勇氣的，考量的除了男人的外在條件，一個男人的內在更被女人所看重，畢竟，哪個女人想要的都是現世安穩，誰也不希望為了外在的光鮮而失去內在的平和。上床三件套，保障的不僅是女人的現世安穩，更是男人和女人現世幸福的必需，戀愛時男人有沒有不重要，重要的是上床之前必須有！

作為輕熟女，戀愛之前首先要考慮有沒有希望走進婚姻，如果對方不能給自己這份希望，那就大大方方地向他要三件套吧！有準備，才不會受傷害。

撒嬌也有戰略性

一個女人可以不漂亮，但要有氣質，就算沒氣質，至少也要溫柔，如果連溫柔也不搭邊，那就一定要學會撒嬌。

撒嬌是女人的專利，在男人面前適時撒嬌，便有一種春風化雨的力量，再現實的男人遇到會撒嬌的女人，心也會立時軟下來，想不仔細聽女人說話都不成。

作為女人也一定要明白，撒嬌是一種女兒情態的自然流露，不同於矯情，不是用林志玲式的聲音說幾句話就是撒嬌，發嗲只會令男人感覺噁心，真正的撒嬌在於眉宇間淡淡的愁和唇角邊甜甜的笑，只讓男人意會，卻不讓他誤會。

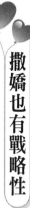

然而，也不是所有男人都吃撒嬌這一套的，作為一個輕熟女要學會揣摩男人的心思，撒嬌也講戰略性，何時能撒嬌，何時不能撒嬌，都是有規則的。

輕熟女撒嬌很簡單，或是職場間一個不經意的微笑，一杯體貼的咖啡，配以輕聲溫柔的請求，或是一個剛中帶柔的求助眼神，這些對男人來說都是難以抵抗的撒嬌策略。而生活中的撒嬌方式更多，對著相愛的男人，完全可以暢所欲言。當然，生活中撒嬌也並非處處適用，有三種時候，女人千萬不要輕易出手：

一、在男人的朋友面前撒嬌，會讓男人賺足面子，讓他的哥們羨慕自己找了一個溫柔的可人兒，但是，在男人的家人面前要少撒嬌。要知道，男人也是父母掌中的寶，人家指望著找個女人來疼自己的兒子呢，若妳一味拉著男人撒嬌，只會增加他家人對妳的反感，到時候不僅不會事半功倍，還有可能失去一段大好姻緣。

二、有要求就要在男人心情好時提出來，那時的男人正得意呢，多一個要求少一個要求都無所謂，反正妳的笑臉揚了起來，他想不接受也難。但是在男人心情欠佳時千萬別撒嬌，那樣不僅得不到許可，反而還會惹來男人的反感。要知道，男人在外面受了氣、吃了虧，回到家還想找個人撒嬌呢，這時的妳如果看不清狀況，那只能是碰一鼻子灰。

三、男人是種矛盾的動物，他羞於在公共場合給女人甜蜜的吻，但卻期望女人在公共場合能撲進自己懷裏撒嬌，對他們來說，那是在向路人證明自己多有魅力。但公共場合也是有講究的，如果他的老闆或上司在，那女人就要收斂一下，不然會被老闆誤以為他連自己的女朋友都搞不定，以後還怎麼開展工作呢？

撒嬌就像打仗，需要看準時機，抓住戰機，只有這樣才能戰無不勝，有求必應。當然，撒嬌也要見好就收，讓男人疼妳，別讓男人煩妳，如此才叫聰明。

輕熟女談興不談性

近年來很流行同學會，同時也流行一句話：同學會，同學會，吃吃再睡睡。

聽起來有些隱晦，但到了熟男熟女的年齡，談性似乎已經成了大流行，一旦遇上不需要以心機算計的友人，談性更是盛行。特別是對男人來說，性和女人幾乎成了主流，飯桌上的黃色笑話就是他們的開胃菜。

但是作為輕熟女，這一點就要注意了，不論妳面對的男人有多熟，哪怕是兩小無猜一起長大的，也絕對不能過於坦誠，女人的魅力在於藏，而非裸，更何況面對的還是一幫色慾正盛的男人呢？再健談的女人面對談性興起的男人，怕也只能面紅耳赤，妳絕對說不過他！

談性對男人來說，就如同女人說起化妝品和衣服，絕對滔滔不絕。

所以，聰明的輕熟女就要學會巧妙避開這類話題，既不傷害男人的面子，同時也很好地維持了談話的氛圍。

過去的男人喜歡煙酒，如今的男人喜歡的是時政經濟，這對輕熟女來說也不算難事，在資訊越來越發達的今天，什麼新鮮事都有可能發生，從大事中揀幾件讓男人感興趣的自然不難。

有的女人會說，中途打斷男人正談得興致勃勃的話題，怕不禮貌，特別是面對大客戶，更怕會因此失去既得利益。其實，身為女人最應該明白的一點就是，別以為跟得上男人的話題，他就會喜歡妳，接受妳，男人看中的永遠是女人的內涵，面對一個滿嘴黃色笑話的女人，他們心裏除了猥瑣，絕對不會有欣賞！

一個高品味的女人，對於男人來說不僅是一種欣賞，還是一種尊重。

所以，聰明的輕熟女談興不談性。

把性的話題收起來，讓男人自顧說去，說到累了，自然會收嘴；適時拋出男人感興趣的話題，這樣的女人不至於難堪，更能得到男人的另眼相待。

出於淤泥的蓮花之所以受人稱頌，就是因為它的純潔。

輕熟女：不做枕邊女，只做夢裏人

輕熟女思想成熟，又恰好單身，如果長相又漂亮的話，很容易受到男人的追捧，無論是未婚還是已婚男人，在他們眼裏，輕熟女是可以溝通到上床的女人，且下床之後不會追著自己討責任。

好笑。

凡是女人，就沒有輕易上床的道理。

對於男人來說，在輕熟女身上討便宜彷彿天經地義，在他們的意識裏，輕熟女擁有良好的學識，思想自然很開放，甚至開放到拉拉手、感覺到位就可以開房間上床。

其實男人不知道，越是聰明的女人，越不可能隨便跟一個男人上床！

如果說男人的荷爾蒙是控制不住的，那女人對於性可並非依賴成性。男人是下半身動物，只看到了性；而女人則用上半身思考，理智多過衝動。

可是，生活中還是有很多類似的麻煩不易解決，面對那些對自己別有用心的男人，如果對方恰好捏著某種權力的話，輕熟女拒絕得過於堅決的話，那利益自然就流失掉了，如何學會和色心大發的男人周旋，其實是一門很深的學問。

三十一歲的燕子是標準的輕熟女，單身，按理說生活應該過得很愜意，卻不料，她一臉苦惱地說：「真累啊，不論是職場中還是生活裏，總有一些不三不四的男人打著不三不四的主意，以為只要我同意就可以隨便上床，赤裸裸的性要求簡直讓人痛恨！」更讓她受不了的是，跟舊時一男同學偶爾相遇後，對方竟然不顧已婚身分，大膽向她表白愛慕之情，對方眼裏流露出來的情慾讓燕子一眼就看明白，這哪裡是愛慕呀，簡直就是該摑掌的色心！

還好，燕子忍住了，她只拋給男同學一個微笑，並答應了對方下次再約的請求。一分開，燕子馬上打聽到男同學妻子的電話，十分客氣地約對方見面，並用盡智慧取得男同學妻子的信任，與其成為朋友。接下來的事自然就好辦了，男同學有約，燕子只需拉上他的妻子，什麼也不用多說，問題迎刃而解。

一個女人能讓男人喜歡並迷戀自然是好事，說明自己有魅力，可以接受他的好意和好感。但面對不良男人的不良企圖，女人就要學會保護自己，避免和這類男人進一步交往，斷絕他的色心。

一個輕熟女，面對不安分的男人，要懂得周旋，讓他渴望卻又近不得身，就像掛在架上的葡萄，只讓他仰望卻不讓他吃到。不做枕邊女，只做夢裏人，自己活得安全，就讓他在夢裏想去吧！

好男人：深沉無用，擔當才行

輕熟女一般看好熟男，這類男人因為思想成熟，不僅能安定職場，還能很好地安定女人的心靈，他的沉穩是年輕男人所不具備的。和熟男戀愛對於輕熟女來說，就算沒有太多激情，至少感情之路也會順暢無比。

二十九歲的小雯就喜歡跟熟男戀愛，在她看來，大自己五歲以上的男人才叫真正的熟男，不論是職場還是生活，熟男都能給自己提出相應的建議，所以當大她六歲的熟男出現時，她抓住了，並戀得亦癡亦狂。剛開始兩人相處融洽，小雯的輕熟女風格很適用於熟男，而且在熟男的幫助下，小雯在為人處世方面確實長進不少。可是漸漸地，小雯就沒原來那麼快樂了，原來，此熟男「太熟」，為人低調，話少，玩深沉。如果說這些之前在小雯看來是優點的話，那兩人戀愛之後，她便有些受不了，比如兩人一起看場電影，小雯熱火朝天地跟他討論，他卻只吐出兩個字：還行。再比如，若被朋友遇上了，對方開玩笑誇熟男找了一個漂亮女朋友，他還是極其深沉地吐倆字：是嗎？最讓小雯受不了的是，帶他回家見父母，熟男本想表現一番，卻不小心打碎了一個碗，在小雯看來這只是件小事，熟男卻請求她代己受過，非要在小雯母親面前說是她打碎的……

小雯越來越覺得，熟男表現出來的深沉，完全成了自私的表現。

隨著戀愛溫度的慢慢冷卻，兩人開始有了冷戰，經常很久不聯繫。在小雯看來，作為男人，熟男就應該有所擔當，可對方卻始終不打電話過來，雖然每次小雯一主動，對方就會跟她和好，但這種分分合合對小雯來說，已經很累了。

最終導致兩人分手的原因其實很簡單，公司舉辦身體檢查，小雯被查出身體異樣，一時沒了主意的她打電話給熟男，對方卻以忙為藉口讓她自己再去檢查。如果說身體出了問題還有希望治療的話，那愛情走到這一步，問題已經很嚴重，小雯在那一刻突然想明白了，熟男玩的是深沉，貌似沉穩的外表迷惑了自己，但這些是沒用的。真正男人應該有的擔當，以及對愛情的責任，他卻沒有。

好男人的標準千千萬萬，但最基本的一點就是要有擔當，在女人最需要他的時候，不是退縮，而是站出來和妳一起承受。

作為輕熟女，無論面對的是年齡多大的男人，不管是幼齒男還是成熟男，只要他有責任心，肯擔當，就是好男人。

別相信男人的外表，更別以為深沉的男人就有擔當，那只是一種假像。深沉無用，擔當才行。

女人怕折舊，男人怕折現

對於女人來說，年齡是最值錢也是最不值錢的，說它值錢是因為青春期一到，門外的狂蜂亂蝶便注意到了，想要什麼樣的生活就可以挑什麼樣的男人。可是，一旦青春沒了，女人就像折舊的貨物一樣，就算顏色依然靚麗，可款式不新了，便無人問津。

折舊的女人，是青春不再的女人，年齡增長的同時，有收穫也有無奈。

對於男人來說，他們把年齡分得很清楚，二十幾歲是玩的時間，三十幾歲才是奮鬥的年紀，等到事業小成之後，他們又開始玩了。可是，如果一直碌碌無為，男人就沒有了再玩的資本。男人的資本在於成功，不成功的男人最怕被折現，身價無幾，還談什麼玩？

折現的男人，就像存摺上的數字，多個零和少個零，境況自然不一樣。

作為一個輕熟女，年齡自然不佔優勢，所以就要善於抓住感情機會，有了心動之人，不僅要學會主動出擊，還要懂得適時表白。

女人選男人，重要的是人品。財富和地位是隨時都有可能發生改變的，但一個人的內涵和品質是需要修煉的。跟好品質的男人在一起，女人感受到的是被照顧和被疼愛；和一個壞品質的男人在一起，只能讓女人越來越不自信，懷疑男人的同時，也會懷疑自己當初的眼光。與其過後後悔，不如早早覺醒。

聰明的輕熟女不會讓自己隨便折舊，遇上不值得等待的男人，就要學會放手，不要等到一切回不了頭才決斷。給自己尋找新的天地，就算沒有新的愛情，至少也要懂得提升自己，為自己增加不折舊的砝碼。

男人選女人，首先看中的往往是外表，不論他成功還是不成功，眼光總避不開漂亮女人。在男人看來，和美女在一起首先是個面子問題，展現給別人看的也只是外在，至於女人內在如何，反正關起門來只有自己知道。會這樣選的男人肯定是小有所成的，接受這樣選的女人肯定是相中男人的成功，如若不然，男人不可能如此自信，而女人更不會給他自信的機會。

如此看來，男人的「現」是面子，女人的「舊」卻是障礙。

輕熟女正處在最尷尬的年齡階段，與其端起架子在選擇和等待中將自己折舊，不如放低眼光收穫另一種風景，不要怕男人不成功，只要人品好，還有什麼做不了？早早將自己託付出去，趁年輕，趁一切來得及。

灰太狼式的男人不能要

一部動畫片讓灰太狼的形象深入女人心，灰太狼凡事都要老婆拿主意，聽老婆話，挨老婆打，是典型的「三好」男人。「嫁人要嫁灰太狼」的口號也被女人喊得震山響，可是，如果生活中真有這樣一個「三好」男人，女人一定受不了。

輕熟女小雅屬於愛情晚熟型，二十八歲那年才開始戀愛，男朋友雖比她大一歲，但凡事卻都喜歡要她來拿主意。開始，小雅還感覺很高興，認為他事事稟報是對自己的在意，可是漸漸地她卻發現，男朋友越來越依賴她，連同事結婚包多少錢這樣的小事都要來煩她。最讓小雅尷尬的是，部門正開著會，男朋友一遍又一遍地打來電話，問的事情無非就是些雞毛蒜皮的小事。後來，小雅實在受不了，跟男朋友做了溝通，希望各自都有一些空間，沒必要凡事請示，更不要在工作時間隨便打來電話。日子剛清靜了沒幾天，小雅卻發現男朋友悶悶不樂，問起原因才知道，對方正為要不要去出差而煩惱，小雅感覺好笑，告訴他工作上的事自己決定就好了，可男朋友卻說：「我怕妳不高興，所以不敢說去，又怕上司不高興，所以也不敢說不去。」這樣的回答讓小雅感覺好笑，她不得不再次聲明：工作上的事自己絕對不參與，也絕對會支持。可是時間不等人，男朋友所在公司因為他遲遲不給答覆，另派人去了，出差回來之後，對方直接升職。這件事給男朋友的打擊很大，小雅趁機告訴他：「作為男人，有些事可以自己拿主意。」話雖如此，可再遇上事，男朋友還是會跑來請教，最讓小雅感覺好笑的是，就連見個朋友要買什麼樣的禮物，花多少錢，他都要讓小雅來拿主意……

灰太狼式的男人不是工作不努力，也不是沒有工作能力，但他們事事服從上司，不懂得創新，因此一定得不到升遷。

灰太狼式的男人一定很愛妳，很依賴妳，但他凡事都彙報申請的處事方式，早晚有一天會讓妳覺得累。

灰太狼式的男人看似讓妳安心，但他缺乏主見的個性，早晚有一天會讓妳鬧心。

灰太狼式的男人外表強悍，內心柔弱，別指望他能為妳遮擋風雨，搞不好哪天出了大事，他還會躲在妳背後請求保護。

一個聰明的輕熟女，自然不會選這類男人，戀愛會煩，走進婚姻會更累。

每個男人心裏都有兩個紅顏

在女人的心裏，讓自己依靠的男人才叫踏實；在男人的心裏，讓自己願意面對的女人才叫知心，知心的名字叫紅顏。

單純的紅顏叫知己，善於傾聽男人的得失，善於給予男人第一時間的鼓勵和指正，這樣的女人不僅是男人心靈上的朋友，更是他心靈上的依賴，從容又智慧，男人之所以願意面對一個女人，就是因為她的聰明。

聰明的女人願意做男人的知己，聽他的失意，看他的得失，除了及時安慰，還學會了適時從男人身上汲取營養，以便更好地豐富自己。

給男人傾吐的慾望，給男人想要的回答，這是男人的知己女人，也是男人一輩子的美好回憶，不論這個女人是遠是近，只要想起，男人就會感覺溫暖。

還有一種紅顏是不單純的，叫情人。如果說紅顏知己給予男人的是心靈上的安慰，那紅顏情人給予男人的則是身體上的發洩。這類女人不需要太多智慧，只要夠溫柔，夠漂亮，無論男人得意還是失意，她的身體都是最好的禮物。有科學研究證明，百分之六十的男人會選擇在失意時出軌，這足以說明紅顏情人的重要性。

總有一些女人因為深陷情潭而願意做男人的紅顏情人，任男人消遣，與男人共歡，不論是一夜情還是一輩子的糾纏，她走進的是男人的身體，卻不一定能走進心靈。

讓男人的慾望得以滿足，這樣的女人在男人看來是尤物，是嘴裏的心肝寶貝，卻一定不是心靈上的伴侶，想起紅顏情人的男人，一定是身體有了需要，只要需要，他就想得到。

每個男人心裏都有兩個紅顏，一個是心靈的知己，一個是身體的情人，缺了哪個都會覺得生活失去了顏色。

作為一個聰明的輕熟女，千萬不要輕信男人說「妳最懂我」，這類話他可以對妳說，也一定可以對別人說，甚至聽到男人說這句話，就一定要揣摩明白，他究竟想讓妳做知己還是情人？

知己老的是容顏，長的是智慧；情人丟的是青春，長的是年歲。是知己還是情人，紅顏這個角色，輕熟女一定要慎選。

同床異夢，趁早分開

相較於男人來說，女人是長情動物，兩個人相處久了，不論對方有多少缺點，只要不是過於傷女人心的，女人都願意容忍並繼續。

對於輕熟女來說，這種情況也不少見：一來時間久了，大家確實有感情；二來年齡大了，能否遇上更合適的，心裏也沒底，一動不如一靜，於是就忍了。

這一忍，又是幾年青春不見了。

就像安冉一樣，為了一個深愛的男人，從二十幾歲蹉跎到三十開外，到了適婚年齡，卻依然得不到一句承諾。二十幾歲時，男朋友的懶和髒曾是她最頭痛的事，可是因為愛，她選擇了默默承受，甘當男朋友身後的小保姆，這一服務就是N年，直到進了三十歲大關。都說女人三十歲再嫁是丟掉身分的事，可男朋友卻一直沒有求婚的意思，這時候的他已經事業有成，且正呈現上升趨勢，安冉再三比較，還是確定這個男人很優秀，除了不給自己婚約。她認為，承諾需要等，婚姻需要契機。

就這樣，一直等到三十三歲，家人的逼催讓安冉終於坐不住了，趁去參加婚宴的機會，她暗示男朋友自己也想嫁人了，可令她沒想到的是，對方只是輕輕笑了笑，依然沒表示。安冉的心在一天天的等待中越來越不安，想過分手，可又感覺自己年齡大了，此時分開會授人話柄，於是又忍了。

轉眼又是一年，這一年安冉過得十分不開心，不再是因為男朋友求婚與否，而是她發現，男朋友和上司的女兒之間關係開始曖昧，舉止親密，甚至半夜都有電話聯繫。事情到了這一步，安冉終於忍不住了，吵也吵了，打也打了，可還是沒要出一個結果，男朋友不說分手也不說結婚，依然沒一個明確的態度，同時也依然晚歸，這就意味著，對方不僅沒有娶安冉的意思，甚至還有了出軌的意圖。

這時候的安冉才終於看清眼前這個男人，這哪裡是自己能夠相伴一輩子的愛人，簡直就是一隻同床異夢的白眼狼！他一邊享受著自己的照顧，一邊卻在外面追逐別的女人，而自己一邊付出一邊受欺騙，想想都委屈。

生活中像安冉一樣的女人實在太多，因為相處太久，付出太多，所以不願意輕易分手，哪怕明知男人變了心，還是願意等下去。在女人的心裏，只要他不開口說分手，就說明他心裏還有自己！

其實這是非常可笑的，男人不開口說分手，不等於他還愛妳，他只是想把分手的主動權交給妳，由妳來做這個惡人。只有這樣做，他才不會有心理上的負擔，甚至還會對外講當初是妳拋棄他的，他才是受傷害的那一方！

妳看，男人就是這麼偽善，作為女人，與其為這樣的男人無止境地付出，不如揮劍斬情絲，同床異夢，趁早分開。

作為輕熟女，更不能因為年齡問題一而再，再而三地委屈自己。要知道，委屈不是成全，更不是偉大，在男人眼裏，這種委屈並不值錢。

騎驢找馬是下策

有甘願委屈的笨女人，就有騎驢找馬的聰明女人。

Amy是時尚的輕熟女，漂亮大方，雖然眼見快三十了，卻依然願意在愛情的路上徜徉，男朋友換了一個又一個，在外人看來已經是滄海難成桑田，可她卻越換越興奮，因為在她的愛情字典裏，只有自己甩男人，沒有男人甩得了自己。

自信的Amy最近開始的一段戀情是和公司新來的上司發生的，新上司有款有型，自然受女人追捧，但Amy近水樓臺，幾乎不費吹灰之力就手到擒來，不出幾日，兩人就開始成雙入對。所有人都看得出，對於這段戀情Amy是用了心的，過去是男人為她買早餐，給她送禮物，如今倒了過來，換成她為男上司服務，一日三餐，連飯後甜點都不曾忘記，一副小女人的賢慧樣子。所有人都做好了祝福她的準備，問起結婚的打算，Amy卻連連搖頭說：「婚姻？不可能，如果還有更好的出現呢？」

原來，Amy在心裏早就做了另一番打算，雖說男上司算得上優秀，但比他更優秀的男人依然大把，她一邊抓著男上司這根稻草，一邊不斷地透過他的人脈去認識更多優秀的男人。這些，男上司自然不知道，所以當Amy真的找好下家時，男上司完全傻了眼！他怎麼想也想不到，對自己體貼照顧的女人怎麼會突然間變了臉？

其實，Amy只是玩了一招騎驢找馬的遊戲，借力打力，借男上司的人脈尋找更優秀的下一任。這一點，她做得很成功，卻也失了算。結局是，下一任優秀男雖然喜歡她，但同時也是男上司的好朋友，從男上司那裏聽說了Amy的為人之後，優秀男主動選擇了退出，就這樣，聰明一世的Amy徹底落敗。

生活中常常會聽女人說：「我對這個男朋友真不滿意，可又沒有合適的出現，所以先談著吧，等遇到更好的，立刻甩了他！」這就是典型的騎驢找馬，自以為是聰明的，把自己架在驢的背上，等待白馬王子的出現，卻不知道，白馬王子想找的是純潔的公主，而非心機女。

騎驢找馬是下策，聰明的輕熟女一定不要輕易為之。

先不說男人會不會傻得看不出妳的心機，單說這種行為本身就不高尚，況且，事無完美，人無完人，有好的，就有更好的，有更好的，還有最好的，就像狗熊掰棒子，掰一根丟兩根，總有一天會把自己也丟了。

用平常心看待自己，用高眼光看待自己選的男人，總有一天妳會發現，其實男人只要培養，都是有慧根的，與其站在這山望那山，不如腳踏實地的自己來培養。

一個聰明的輕熟女有足夠的能力培養出優秀的男人來，一旦培養出爐，他身上全是妳的標籤，豈是「驕傲」二字了得！

好馬易吃回頭草

一段感情失去容易，回歸太難，吃回頭草的馬總會多多少少受到折磨。

輕熟女Alice是在三十歲那年和男朋友分手的，原因很濫俗，對方說相處久了沒感覺，想冷靜一段時間，這一冷靜就是兩個月，再相見時，男朋友臂彎裏已經挽了新人。四目相對，還需要什麼解釋呢？答案就是一個大男人變了心。三十歲的女人失戀遠比失業更可怕，工作隨時可以找，愛情卻不是說來就來。那段日子對於Alice來說痛苦不堪，她完全把自己封閉起來，什麼人也不想見，一個人請了假，在家裏「宅」了起來，電話關機，與世隔絕。多年的感情說沒就沒了，她放不下，更需要想清楚，下一步該怎麼走。

失戀第二個月，Alice心情好了些，願意和朋友溝通，並重新開始工作。她越來越明白，愛情不可靠，工作卻不會背叛自己。那段日子她幾乎把公司當成了家，全心全意付出，也終於得到了回報，由她做監製的一組設計在全國設計大賽上獲獎。這個鼓勵來之不易，拿到獎盃那一刻，她不由得淚流滿面，她知道，自己的新生活可以重新開始了。

可是，就在她決定開始新生活的時候，男朋友突然來敲門，沒等她弄明白怎麼回事，對方已經涕淚橫流地懺悔了起來，哭了大半天才讓Alice弄明白，原來是男朋友和新人相處並不愉快。對方的任性和蠻橫，不僅給他的心靈造成了傷害，還把他的臉撓開了花兒！而這些野蠻行為在他和Alice戀愛的這些年裏從未發生過！男朋友一把鼻涕一把眼淚地請求和好，並一再為自己的行為道歉，表示絕不會再犯錯。面對吃回頭草的男朋友，Alice沒有想像當中那樣驚喜，也沒有任何埋怨，她只是覺得，自己丟失的一隻小狗又回來了，它曾經為了外面的一塊肉骨頭背叛了自己，如今被肉骨頭刺傷了，又回來了。

沒有承諾，沒有應允，男朋友卻還是義無反顧地回來了。就像當初追求Alice時一樣，連浪漫都回來了，一三五的西餐，二四六的接送，外加週末的電影，一切似乎回到了最甜蜜的當初，Alice感覺似曾相識，卻沒有了當初的幸福感。對於男朋友一次又一次和好的請求，她不點頭也不搖頭，她需要時間，需要看清楚這隻吃回頭草的馬究竟還會不會再跑掉。

在女人看來，吃回頭草的男人不再是好馬，頂多算一頭迷路的馬兒，但在男人看來，吃回頭草的自己是浪子回頭金不換，因此痛下決心改邪歸正。

對於吃回頭草的馬來說，就算算不上白馬，至少也算得上一匹經歷了風雨打磨的黑馬，想到了吃回頭草，就說明他已經知道什麼叫合適，知道了曾經失去的有多麼好，多麼適合自己。

能夠做出吃回頭草這個決定的男人，輕熟女不需要完全拒絕，給他時間，讓他去表現，有時候多給男人一個機會，他會感激妳一輩子。

惜金但不拜金

輕熟女不缺錢，但也不抗拒多金，每個人都是金錢迷。對女人來說，惜金但不拜金，這才是最重要的。

惜金不代表吝嗇。惜金的女人不僅珍惜自己的勞動所得，同時還傳承了中華民族的節儉美德。與此同時，惜金的輕熟女還懂得吸金，她們在職場的打拼，完全就是為了生活得更好，同時也是為了讓自己更加獨立。在輕熟女的眼裏，自立是對一個女人最基本的要求。

拜金的人首先是金錢的奴隸，對金錢膜拜到可以付出一切。

拜金的女人在男人眼裏一文不值，在他們看來，這種女人就像一隻可以隨時豢養的寵物，心情好時多打發點，她就會對自己眉開眼笑。女人拜金無非有兩種情況：一是沒有能力賺大錢，只好犧牲色相以求旱澇保收；另一種則是眼裏只有錢，為了錢可以出賣自己的一切。

惜金和拜金的最大區別就在於，前者是自己勞動所得，後者是不勞而獲。自己的勞動所得肯定是要珍惜的，不勞而獲的東西除了不懂得珍惜，還往往容易攀比。

這世上的事最怕的就是攀比，沒有最好，只有更好，比，是沒有盡頭的。作為一個聰明的輕熟女應該明白，做人需要攀比，做事需要攀比，但金錢不能攀比。是自己的，收進掌心握好；不是自己的，強求來也只是一時的。

要知道，對於男人來說，喜歡攀比金錢的女人有多麼可笑，他多麼願意拿出一根金條，然後讓兩個女人為此爭來搶去，以此為樂。

是的，在男人眼裏，拜金的女人只是玩物，只有惜金的女人才是好女人。對於惜金的女人，他更願意雙手奉上家當，讓其去管理去儲存。在男人心裏，其實更想要的是安穩的女人和安穩的生活，那些攀比無度的女人，只是野花，再美麗也只能在門外。

身為輕熟女，就要努力修煉自己，爭取做一個聰明的惜金女，而非拜金女。

惜金會讓男人欣賞妳，拜金則只會讓男人唾棄妳。

別信「隱私說」，只要「坦誠權」

熟男熟女相愛，總有太多「坎兒」過不去。

朵拉是標準的輕熟女，因為年齡的關係，她選擇了標準熟男蘇軍為戀愛對象，兩人外在條件看起來十分相配，所有人都覺得這是一對很有可能走進婚姻殿堂的情侶。開始相處，朵拉感覺蘇軍還不錯，為人處世大方得體，可隨著交往的加深，漸漸地，她發現蘇軍有太多事是瞞著自己的。比如應酬太多，有時半夜不回，有時候簡訊和電話都不回，就算回了，被問及究竟做什麼去了，他也只是含糊地說一句：「大家都是成年人，都有屬於自己的隱私，不說也罷。」一開始朵拉還覺得不好意思，覺得是自己過於小心眼，可漸漸地，蘇軍竟然把「隱私說」當成一種解脫說辭，只要自己不想說的話，不想讓朵拉知道的事，他就以此為藉口躲避回答，這讓朵拉的心開始一點點往下沉。要知道，成年人可以有隱私，但作為情人，也應該有知情權吧？可是蘇軍卻說：「多給大家一些自由空間，不是更好嗎？」

朵拉不知道這樣是好還是不好，只覺得彼此距離越來越遠。漸漸地，她也開始有自己的交際生活，面對蘇軍的追問，她也學會以「隱私說」為理由，無論是能說還是不能說的，她都不想說。如此循環下去，兩人的關係也漸漸淡了，心更遠了。

作為熟男熟女，誰都有幾段難以啟齒的過去，這可以理解，但作為相戀的情侶，卻不能給對方留過多的猜想。要知道，一切懷疑都是由猜想開始的，好不容易建立的親密關係被「隱私說」瓦解，大不可取。

不管是熟男還是熟女，其實遠沒有那麼多秘密，男人之所以如此說，是想增加自身的神秘感，女人之所以如此說，怕只是拿來對付男人的吧！

作為一個聰明的輕熟女，如果遇上此類男人，一定要大膽地跳出來，告訴對方——別拿隱私當藉口，請你坦誠一些！

作為情人，彼此都有坦誠的責任和義務，把自己隱藏得越深，對方離你的距離就會越遠。試想一下，誰願意自己將來的另一半時時處處對自己隱瞞呢？

戀愛不需要「隱私說」，需要的是「坦誠權」！

作為女人，一定不要相信男人所謂的「隱私說」，那不是一件脫不得的外衣，坦誠開來，有什麼坎兒過不去？要堅決拿起「坦誠權」，告訴他，情人之間失去了坦誠，就失去了相愛的基礎，如果他還一意孤行，那對不起，妳也有權力重新選擇。

上床是風情，上當是濫情

當下，男女上床比戀愛還來得容易，男人喜歡這種開放生活的享受，女人也逐步接受了來自身體深處的愉悅和沉淪。而這種床上運動也無非兩種結果——繼續或結束，且無論哪種結局，每當回憶起那番溫存時，自有一種難言的風情在心底流淌，就算不曾相愛過，畢竟曾經相親過。

然而，就是有些女人願意打著「上當」的旗號，說自己遇上的男人是個騙子，一上過床便甩掉走人！說這番話的女人一臉仇恨，聽這番話的人更是滿腔悲憤，覺得世道之亂不敵男人之狠，男人們得了便宜卻不願意負責，簡直就該天誅地滅！

有句老話說：男人是下半身動物。不論他們愛或不愛，首先衝動的是下半身，見到美女更是如此，荷爾蒙總比愛情先沸騰，坐懷不亂的柳下惠自古以來只有一位，更別說當下這個日新月異的現代社會，一切講究速戰速決，連相親都要求八分鐘約會成功，性愛這麼複雜的工序，自然需要及早上床準備。於是，抵擋不住美色的男人蠢蠢欲動，對女人言不由衷地說了幾句體己話兒，心軟的女人一旦善心大發，便極可能被帶上床。上了床，女人便認定自己是被男人烙上印痕的獨家物品，不僅想成為男人的唯一，更想讓男人成為自己的唯一，以性挾愛，以為從此發展下去就應該是天長地久的結局。卻不料，吃慣了甜橙子的狐狸，總是覺得掛在枝頭的葡萄更美味，哪怕只是一枚酸葡萄，男人們還是願意去嘗鮮，至於跟他們上過床的女人，自然就成了不願再吃的舊柳丁，是甜是酸統統留給後來者。於是有女人便開了罵腔，控訴男人不長情，聲討愛情的薄涼，如泣如訴地說自己上了男人的當！

其實，上床並非上當。女人被男人帶上床也好，自願和某個男人共度春宵也罷，床上展示的畢竟是風情，上床對男女雙方來說是索取也是享受，這是一場雙人舞，相互配合才完美。就算不完美，至少也還有幾許感情在；就算感情不成熟，至少當時的情話和讚美還是受用的吧？女人，不會無緣無故跟一個男人上床，上床必是有好感；男人，就算因為荷爾蒙不聽話跑去跟女人上床，至少也需要有個眼緣。所以，上床不是一件後悔的事，相反，它是一件風情外衣，讓男女通身愉悅。但上當就不好說了，男人對自己是否有愛，這是騙不過女人眼睛的。再糊塗的女人，在感情這件事上也是敏感的，明知這個男人不愛自己，卻非要給對方把自己帶上床的機會，這不能叫上了男人的當，只能說女人太濫情！曾有人說，男人強姦一個不自願的女人，難度在五顆星以上！言外之意就是，不想上床的女人總有逃脫的辦法。如果這個男人就是不愛妳，如果妳就是感覺不到男人對自己的愛，那又何必給男人上床的機會呢？何必事後叫著上當了呢？

上床是風情萬種的事，男人要享受，女人要愉悅，雙方都能討來公平；上當是濫情的後果，真的不愛，真的不想要，可以逃可以打，當初更可以拒絕交往，何必事後叫屈？做女人有理由享受床上風情，就要有辦法逃脫上當這件事。

作為輕熟女就要明白——只有不輕易上床，才能避免上當。

再愛，也不能無原則地原諒

總有一些女人死在愛情上。

小米說起來年齡也不大，二十七歲，剛到輕熟女的邊緣，按理說這種年齡的女人對於愛情可選的範圍還很大，可她偏偏對一個男人死心塌地。說起來，她的男朋友實在不爭氣，工作常常丟，煙酒不離身，連家世也跟小米很不相配，朋友們不明白小米為何會喜歡這樣一個男人，可她卻回答說：「他的好，只有我知道。」聽著矯情又幸福，可現實卻是殘酷又無情的，當警察局打來電話讓小米去領人時，她簡直懵了。

男朋友因為嫖妓被抓。這個結果是小米無論如何也不願意相信的，可員警是不會騙人的，所以，領回男友那天，小米堅決提出了分手。可男朋友一臉可憐相地告訴她：「我是被冤枉的，只是代朋友受過，我總不能出賣朋友吧？再說我那麼愛妳，怎麼會做對不起妳的事呢？」如此解釋實在牽強，如果小米夠聰明，就應該反問：代朋友受過還需要上床嗎？可她沒有問，甚至也沒有多想，面對男朋友的一再討好，她心軟了，又和好了。

那些壞男人，別指望他們能從心底深處認識到自己的錯誤。只要女人一原諒，他們就會認為是自己說謊的本領夠強，所以，謊言就容易一個接一個地編造。

沒多久，男朋友又找小米借錢，來的時候很浪漫，手裏拿著一束玫瑰花，看到小米笑了，然後說：「我一定要讓妳過上好日子，我要學習做生意，可是苦於沒本錢，唉……讓妳跟著我受苦了。」如此深情的話徹底把小米搞暈了，沒有猶豫，她辛苦多年的積蓄就被男朋友拿去打了水漂。事後她才知道，男朋友學別人搞運輸，買了一輛二手大卡車，因為不懂車，買了堆廢鐵回來，車根本不能用，錢卻要不回來，這筆生意虧得令小米既心疼又心涼。可是男朋友還是情深地表示：「我真的只想讓妳早點過上好日子，沒想到被人騙了，我可全是為了妳呀……」一邊說，一邊摑自己的臉，滿臉懊惱狀，看得小米心又軟了。

就像一個惡性循環，男朋友越來越不爭氣，生意的失敗不僅沒能使他吸取經驗，還跟人學會了玩六合彩，期待著一夜暴富。這一次，小米徹底火了，一邊數落男友不務正業，一邊流著眼淚說出要分手的話來，可是就像從前一樣，男朋友又好言相求，並一次次發誓……後來，小米開始在分手和原諒間徘徊，來來回回，青春已過，男朋友還是老樣子，可她就是下不了分手的決心。被朋友問急了，她的回答是：「放不下他。」

「放不下他」，如此善良的回答。

其實，作為輕熟女首先要明白，年齡不等人，別讓自己在無用的男人身上蹉跎時光。更要明白，選男人首先選的是人品和能力，一個男人連生活都保障不了，還有什麼可留戀的？

再愛，也不能無原則地原諒。女人的心軟，有時候就是男人拿來利用的武器，傷的是妳自己。

女人的青春，有時候就是耗費在了不值得的男人身上，別說回頭難，繼續下去不是更難？

嫁個好男人，才有真幸福

輕熟女不是不嫁，只是沒遇上值得嫁的那個人。想要真幸福，就必須嫁個好男人。

給輕熟女的十句悄悄話

輕熟女是女人群體中最有魅力的，輕熟女階段也是女人一生中最輝煌的一段歷程，輕熟女擁有美貌和智慧，她們身上凝聚著生活的厚愛和男人熱烈的目光。

這裏要說十句悄悄話給輕熟女們聽。

第一句：要工作，很熱情地工作。

工作是輕熟女生活的保障，也是提升社會地位的基礎，一個擁有經濟基礎和社會地位的女人，走到哪裡都是亮點。

第二句：要相信愛情，不論有過多少情傷。

凡是女人都需要愛情，輕熟女更不可能一輩子孤單，愛情是滋養女人的最好的化妝品，過去那些傷過恨過的事統統放下，要相信，總有一個人在為妳等候。

第三句：要明理，更要講理。

輕熟女最大的魅力就在於明事理，通情理，為人處世落落大方。明理也要講理，不論在職場還是情場，和一個理智的女人相處總是件令人愉悅的事情。

第四句：可以泡夜店，但不迷夜店。

輕熟女需要應酬，泡夜店是常有的事，但不要因此迷上這種感覺。就算再寂寞也不要一個人逗留太晚，不晚歸，不給初次相識的男人留電話，這樣的女人才聰明。

第五句：錢要存，存夠了就置業。

女人需要心靈上的安全感，同時也需要身體上的安全感。輕熟女收入相對較高，每個月存點節餘，積少成多，適當的時候給自己購置一套房子，不論大小，住在自己的房子裏更安心。

第六句：生活需要咖啡，更需要廚藝。

輕熟女生活中的名詞除了紅酒就是咖啡，很小資，可實實在在的生活更需要的還是一手好廚藝，家常菜是必須會的，偶爾露幾手西餐，更會令人吃驚，不要懼怕廚房裏的油煙，生活本來就需要煙火氣。

第七句：堅持體檢，身體健康才能享受生活。

不管是否擁有另一半的關心，女人首先要學會自己關心自己。每年給自己做一次體檢，要保證心靈的健康，首先要保證身體是健康的，只有這樣，才能更好地享受生活。

第八句：不怕他不出現，就怕妳等不及。

輕熟女的年齡雖是個坎兒，但愛情未到時，絕對不能隨便胡來，更不要隨便嫁人，你對愛情遊戲，總有一天會被婚姻遊戲，不要費心思天天猜想真命天子何時出現，在等待中做好自己就夠，機會總會降臨給有準備的人。

第九句：工作與約會衝突，選擇前者。

對於有了愛情歸宿的輕熟女來說，總有一些時候，工作會和約會發生衝突，這時候的妳就要學會抉擇，讓男人多等一會兒也沒什麼，這正是考驗男人耐心的機會，他愛妳，自然會等妳。要知道，男人可能隨時背叛，但工作只會越來越忠誠。

第十句：舊愛來襲，一定要微笑拒絕。

之所以成為舊愛，是因為當時愛得不夠才分開。面對舊愛，輕熟女首先要承認自己現在過得很好，不要讓他認為離開自己妳就完了，同時也要斷絕他再交往的念頭。之所以分手，定是有過不去的坎兒，過去他不知道珍惜，現在就讓他後悔去吧！

套牢男人心，只需用十招

一段成功的愛情，往往需要男人和女人的共同努力。

作為輕熟女，如果真的愛對方，就要學會用實際行動抓住他的心。男人有時候很聰明，有時候又很糊塗，作為女人既要學會哄，又要學會用智慧將他套牢！

這裏教妳十個小技巧，讓妳套牢他！

第一，吃定他，瞭解他。

知己知彼方能百戰百勝，和一個男人交往，不僅要瞭解他的喜好，還要瞭解他的心思，與其做一百件事來打動一個人的心，不如投其所好，做好一件事就能將他抓到手。

第二，細節關懷。

別以為只有女人才注意細節，男人也一樣。面對他的家人和朋友，妳是真心微笑還是假意迎合，他一眼就能看出來；加班多晚，你等多久，妳心裏也一樣有數；他的一句話，別人認為是玩笑，妳如果當了真，那男人一定會對妳感激涕零。

第三，適時賢慧。

很多女人婚前都不喜歡拿菜刀，彷佛一旦讓男人愛上了自己做的菜，自己這一輩子就要鑽進廚房。所以她們寧願讓男人說自己不夠賢慧，也不願意沾半點油腥味。女人有原則不是錯，但適時賢慧更能激起男人的愛，即便不做飯，親手洗一下內衣總行吧？

第四，撒嬌和溫柔永遠不過時。

撒嬌和溫柔是女人的天性，千萬不要讓年齡抹煞掉了妳的女人本性，在男人眼裏，會撒嬌的女人最值得憐愛，懂溫柔的女人最有味道。所以，拿起女人的天然武器向他頭上「砍」吧，「砍」得越厲害，男人越開心。

第五，若即若離。

戀愛進入某種階段，兩個人就有了安定下來的意思，這時候的男人就像吃定糖果的孩子，對女人會有少許的不耐煩。一旦發現這種苗頭，女人就要懂得適時抽身的道理，對他若即若離，不遠不近，讓男人自己覺悟，好過妳一千句教誨。

第六，說愛他。

愛要看行動，愛也要聽得到。不要以為只有女人才喜歡聽那三個字，男人也一樣，他們不吝嗇表達，同時更期望聽到。被自己喜歡的女人說愛他，這對男人來說，是一種至高無上的驕傲。

第七，放下過去。

誰沒有幾段過去？他不提，不等於不在意妳的過去。所以，聰明女人也不要逼問男人的過去。他的過去是否有妳不重要，重要的是他的未來抓在妳手裏呢。

第八，肯定他，相信他。

男人需要肯定，女人的肯定對他來說是逆境中崛起的最好鼓勵；男人也需要相信，女人的信任對他來說，是拼殺和生活的希望。

第九，給他空間。

給他空間，女人自己也可以適時自由。他喜歡做他喜歡的事，妳又怎麼會沒一點愛好呢？趁空閒，培養自己的愛好吧！不捆綁他，就等於不束縛自己，兩個人不是一條繩上的螞蚱，而是一個戰壕裏的戰友，跳出去，返回來，都親密。

第十，尊重和依賴。

男人需要尊重，這一點甚妳女人，聰明的女人就要給男人足夠的尊重，照顧他的面子，他會對妳心存感激；女人需要依賴，多一些暗示，讓男人明白妳有多依賴他，這對男人來說，是甜蜜的負擔。

勿嘗已婚男這盤過期菜

相互對口味的男女會跟對方說：「你是我的那盤菜。」

未婚女面對已婚男，就像一盤新鮮菜遇上一盤過期菜。

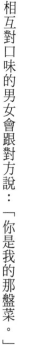

可是，過期菜有過期菜的好處，或許它的外形好看，或許它的盤子漂亮，或許它有許多新式菜無法比擬的優點，總之，就是有女人對過期菜情有獨鍾。

輕熟女Ada在二十九歲那年遇上了一個熟男，據說相識時很浪漫，都在異地出差的他們在異鄉的海邊相遇，正在放煙花的兩個人被人擠到了一起，他們這才發現，兩人手裏的煙花綻放時連圖案都是相同的。接著下起了雨，熟男很乾脆地脫下外套為她遮擋，雨停時，兩人的手也牽到了一起。後來，兩個人從異地一起回來，便難分難捨了。那時的Ada完全被愛情沖昏了頭腦，忘記問對方是不是自由之身，甚至交往兩個月後，感情已經很深了，她還誤認為對方是自由之身。直到那天一起吃晚飯時，熟男一次次被家妻催問何時回去，她才徹底傻了。要知道，Ada想要的只是一場真實的愛情，沒想到竟會是這樣的結果。

熟男倒是坦然，先是滔滔不絕地說出對Ada的好感，然後又聲淚俱下地聲討家妻的惡習，一副相見恨晚的架式打動了Ada，可是她還是很介意對方的身分，直到聽熟男說正在考慮離婚，這才算勉強原諒了對方。

可是，交往了快半年，熟男的離婚大業卻沒有一點進展。不僅如此，熟男的家妻彷彿知曉了他出軌的行徑，只要天將晚就會打電話喚他回去，面對家妻的電話，熟男開始還會稍作掩飾，或罵幾句或恨幾聲。可漸漸地，當他發現Ada並沒有過多地責問，竟坦然地在她面前接起電話，且有聲有色地和家妻討論起誰去接孩子及何時回去的問題。最讓Ada受不了的是，自己生病，好不容易盼來熟男，想讓他幫自己買點藥，可對方一進門就告訴她，早上家妻洗衣服時把錢包拿去了，他根本身無分文！

顯然，Ada的這場愛情從開始就錯了。

一個女人，可以不清楚男人的家世，但一定要清楚他跟自己交往時是否是自由之身。

一個女人，可以不計較男人對自己的愛有多少，但至少應該保證這份愛是純潔的、唯一的。

已婚男對女人來說，就是一盤過期菜，外形好看那是家妻的功勞，經過了另一個人的打磨才使他有模有樣；盤子好看也只是生活的賦予，經歷過生活的男人都懂得掩飾。別理已婚男的誓言和眼淚，要知道，已婚男能輕易背叛家妻，就一定能背叛妳！

一盤菜過了期，吃了要壞肚子的。與其壞肚子難受，不如當初不去嘗。

對於輕熟女來說，年齡不等人，遇上已婚男這盤過期菜，一定要大膽伸手將他甩出去！

熟女配醜男，那只是傳說

輕熟女過了三十歲未嫁，就會有人拿晚嫁來當說詞，什麼再晚就沒好男人了，什麼再晚就要委屈自己了，更有甚者會說，熟女配醜男，等著嫁一個醜老公吧！

因為這最後一句話，許多輕熟女開始著急，她們說：「就算不是為自己，為了下一代著想，也要把握，不然帥哥都讓人家搶走了。」

其實，輕熟女大可不必如此傷腦筋，熟女配醜男，那只是傳說。

要知道，有多少女人晚嫁，就有多少男人晚娶。

更何況，帥哥也並不是那麼好嫁的。漂亮的東西，誰都喜歡，更何況是一個大活人呢？除非他對妳愛得死去活來，非妳不娶，不然就不要指望帥哥會忠誠。被女人寵得多了，帥哥是看不住的。

娛樂圈裏是非多，例子更多。

李嘉欣三十八歲嫁進豪門，人家配的不僅是帥哥，還是富二代。被稱為最醜港姐的莫可欣，中年嫁給大帥哥方中信，也算是輕熟女中的佼佼者了。要知道，人家在嫁帥哥之前，已經跟此帥哥拍拖了多年，也就是說，她沒有足夠漂亮的外表，但她有足夠吸引帥哥的內在。

如果莫可欣這位輕熟女還沒有說服力，那發哥娶的發嫂可算得上是輕熟女之王，她等待發哥多年，直到熟透才嫁掉，想必，是她的耐心和毅力感動了大帥哥。

一個女人真正的魅力不在於外表，而是她內在的力量，能夠吸引男人。所以，不要怕年齡大了挑不著帥哥，也不要以為醜男當中就沒有人品好的，相信自己，相信愛情，總會找到一個和妳相配的人。只有用不用心，沒有辨不辨得到。

熟女配醜男，那只是傳說。當越來越多熟女嫁進豪門，當越來越多熟女被帥哥欣賞，想嫁醜男怕也難！

最好別愛鳳凰男

網路上微博有篇推文熱了很長時間——千萬別嫁鳳凰男。

寫這篇推文的是深受其害的某女子，她不僅列舉了嫁給鳳凰男的種種弊端，比如農村親戚多，公婆沒退休金，結婚沒禮金，嫁給鳳凰男就等於嫁給他們全家，大事小情麻煩不斷等；同時也列舉了和鳳凰男生活在一起的種種不便，比如對方不講衛生、一身鄉土氣也就罷了，偏偏還大男子主義，喜歡自作主張，過分的自卑和自負又使他成事不足，敗事有餘。

其實，鳳凰男之所以被稱為鳳凰男，不是因為他的出身，而是因為他不敢正視自己的出身，刻意尋找梧桐，以為飛上去就能變鳳凰。其實，麻雀就算披上華麗的外衣，依然是麻雀，這是不可改變的事實。

作為一個輕熟女，就算經濟條件和家世再好，也不要以為妳能夠和鳳凰男很好地相處。就算妳有勇氣接受他，也不一定有能力改變他。

雖說，兩個人在一起是相互適應，而不是相互改變，但對於鳳凰男這個群體來說，他們一朝成為鳳凰飛上枝頭，身後必然會跟一群小麻雀，全是他的三姑六婆，妳若照顧好就是賢慧，妳若不照顧就是生分。所以，與其日後為難，不如當機立斷。

作為一個輕熟女，就算有再好的修養和耐力，也不要以為妳能感化鳳凰男，他們的內心永遠存在一股自卑的暗流，越成功，這種自卑情緒越澎湃，只有他自己明白，這是與生俱來的血液，這一生也無法擺脫。

雖說，愛一個人就要包容他所有的好與不好，而不是計較和算計，但對於輕熟女來說，年齡不饒人，有時間去包容和改造一個男人，不如節省下來替自己多想想，青春不常在，何必辜負了花開時節？別認為自己有多偉大，生活會告訴妳，女人永遠強不過男人，想以一己之力去幫扶一個鳳凰男，那叫慈悲，不叫愛情。

輕熟女，最好別愛鳳凰男。

物以類聚，人以群分，妳不是他，不會明白他的世界有多不容易，也不要企圖改變；他不是妳，不會懂得妳的世界為何如此精彩，更不要認為他欣賞這份精彩，更多的時候他只是嫉妒。

愛的選擇餘地很多，男人可選的更多，放下鳳凰男，輕熟女的愛情會更輕鬆。

堅決不嫁裸婚男

裸婚之所以流行，據說是因為簡單，無車無房倒也罷了，竟然簡單到連婚禮也免了。

同事喬麥剛剛經歷過一場裸婚，除了雙方家人坐在一起吃了頓飯以外，連婚紗都免穿。作為朋友，我們曾為她抱過不平，剛開始她一臉幸福地說：「我愛他，相信以後會補給我一場幸福的婚禮。」後來再被問及，她的回答便顯得很無奈：「他說他愛的就是我的善良，說我不是那種俗氣到只認錢不認感情的女人，如果現在我說要辦一場熱鬧的婚禮，那他一定會認為我不夠愛他……」

話說到此，眾人無語。等到後來再相聚，喬麥臉上的表情卻是萬分委屈，夫家一分錢沒出，連房子都是租來的，兩人年齡都不小了，卻連孩子都不敢考慮，她一臉迷惘地說：「結婚以前他天天哄著我，結婚以後卻連句好聽的話都不捨得說……非但如此，昨天我多買了件衣服，他竟然指責我亂花錢。真想不明白，當初連婚禮錢都省了，怎麼就……他不但不像婚前所說的那樣憐惜我，還說是我不夠體諒他。」

聽了這些話，除了替喬麥惋惜之外，同為女人的我們愈發明白，裸婚其實便宜的是男人，委屈的是我們女人自己。

凡是打著裸婚旗號向女人求婚的男人，必是吃定了這個女人的愛，認定對方愛自己，時時處處以愛作要脅：「妳愛我，就得體諒我。」換句話說，你愛

我，就不能愛錢。男人說裸婚總以愛情為藉口，會把愛情說得至高無上，善於把愛情的宮殿建築在愛情的半空中，讓女人看得見，卻夠不著，總把未來說得天花亂墜，把女人誇得彷彿是不食人間煙火的七仙女。其實說到底，就是一個「哄」字，打著愛情的旗號，喊著愛情的口號，把女人「哄」回家，美其名曰「一起奮鬥」。

凡是被男人「哄」回家，心甘情願裸婚的女人，都是心地善良、視愛情高

過物質的女人。的確，我們得承認愛情高過物質，就像精神指引行動一樣，愛情的美跟偉大我們都承認，但善良的女人們一定不要忘了：生活是需要麵包和水的，再好的愛情也當不了飯吃。有句老話說：「貧賤夫妻百事哀」，想必不是沒有道理。

對於男人，裸婚是大受他們歡迎的，省時省力還省心，最主要的是省了一大筆開銷，用滿嘴的甜言蜜語輕鬆抱得美人歸，就像做了一筆無本買賣；對於女人，裸婚起初是無奈，因為愛這個男人，所以寧願一無所有。等婚姻一久便會生出遺憾，畢竟婚禮一生只有一次，即使曾經的愛情完美如碧玉，裸婚也將會是這塊碧玉上的瑕疵。

就像喬麥一樣，起初愛得飛蛾撲火，最終卻落得一身埋怨。說穿了，選擇裸婚的男人就是一個不負責任的男人，婚姻之於女人是一生中的大事，就算再窮，也不可能連籌備婚禮的錢也拿不出來吧？別把時尚跟愛情掛在嘴邊上，那當不了飯吃，女人要的是一個身心的安穩！沒有物質保障的婚姻就像沒有地基的房子，說不定哪天就倒了。真要倒了，恐怕女人還要落一個敗家或是虛榮的名聲！與其如此，莫如早早了斷，堅決不嫁裸婚男！告訴想要裸婚的那個男人——我不想讓自己的婚姻有缺憾！

女人想要的婚姻，無非是一個明朗朗的承認，連婚禮都省了，他的愛可信嗎？

輕熟女渴望婚姻，但更有權力選擇婚姻，面對裸婚男，哪裡涼快讓他哪裡待著去！

遇上無情男，只當自己寵過一隻狗

多情的男人多，專情的男人少；無情的男人多，癡情的男人少。

別指望哪個男人會因為妳一輩子不娶，或是一生不再愛別人。更多的時候是，男人常常會亂動心思，一旦心思不在妳身上，就算當初再愛，也會不念舊情地拋下妳，直接奔新歡去了。

女人遇上無情男，是件很無奈的事。罵，顯然多此一舉，人都不在妳身邊，罵得震山響也沒用；打，更不要想，過去他忍妳讓妳，是看在愛的分上，如今愛沒了，勢必不會再忍讓；哭，更不值得，眼淚流成河，他倒樂得看戲。

輕熟女再聰明，也有情場失意的時候，只是，遇上無情男，就要學會調劑，只當自己寵過一隻狗。當初他對妳搖尾巴也好，傻吠也罷，都是在討好妳；一旦妳喜歡上他，花了心思對他，他便認定妳愛上他，開始耍小脾氣，鬧小性子，這些妳都接受了，他就認定妳離不開他，所以更加放肆地將眼光瞥向門外去。如果門外風光明媚，他會不管不顧地衝出去，玩也好，當真也好，總之，他離開了妳。

丟一隻狗，妳心疼的是浪費了肉骨頭；丟一個男人，妳不甘心的是那段付出的青春。

追根溯源，都怪當初太寵他。

狗的天性就是流浪，骨頭只是讓他停下腳步的一個藉口，不管肉多鮮美，總有啃光的那天，是妳讓他一次吃了個夠，吃夠的美味叫膩味，不離開還能怎樣？

狗的本事是打架，打架的原因是有人搶食物吃，不管那口食物是貴還是賤，搶來的東西總是最好吃。是妳把自己的一生交到了他的手上，斷絕了和別的男人來往，他在妳身上看到的是安穩，毫無競爭性的安穩，這怎麼行？

狗的優點和缺點都叫忠誠。他可以為了妳的肉骨頭而停下來，也能為別人的肉骨頭而留下。世間不可能只有妳一個女人，所以也就不要期望男人會只愛妳一個。

一隻狗，別把看家護院的重任交給它，它的眼裏只有肉骨頭。

一隻狗，別指望他多有良心，對骨頭不感興趣的狗少見，就像專情又癡情的男人一樣，世間珍品，得遇不易，還要保證別讓他受到誘惑。

遇上無情男，只當自己寵過一隻狗，丟了，不要找，讓他流浪去。再收養下一隻狗時，記得不要讓他吃太飽。

折服男人，但不折騰男人

男人最欣賞的是充滿智慧的女人，他們容易被女人的智慧深深折服。而生活中的女人卻總把折騰當折服，弄得男人疲憊不堪。

輕熟女Betty的愛情來之不易，再回首時，她常說的一句話就是：「幸虧當時我沒折騰他。」

原來，當年Betty在愛情這場角逐戲中並不佔優勢，戀上的男人是她的老闆，年輕有為的企業家，對方不僅家資甚厚，而且長相俊朗，絕對是男人中的NO1，處事沉穩，為人謙和，作為下屬的Betty對他日久生情，但苦於身分，她沒辦法表白，只好遠望。

卻不料，在Betty遠望男老闆的時候，已經有女人出手了。對方是個漂亮時尚的女大學生，到公司應徵時一眼就看上了男老闆，而且還頗有心計地打聽到男老闆單身，女大學生輾轉之下連薪水都不計較，成了男老闆的秘書。

正所謂近水樓臺先得月，女大學生的先下手，給了Betty不少壓力，睡不著的夜裏，她不只一次地將自己和女大學生拿來做比較，不比不知道，一比嚇一跳：對方正是好年華，含苞待放，而自己眼見著快三十了；對方不論身材還是學歷都屬上乘，這點自己也不佔優勢；最重要的一點是，雖然自己是公司部門的主管，但跟男老闆相處的時間遠遠少於女大學生，對方是貼身秘書……一條條比下來，Betty越來越沒自信，尤其當她看到男老闆開始帶著女大學生進進出出時，她感覺自己完全落敗。

可是，事情很快就有了轉機。某個上午，Betty聽到男老闆和女大學生在公司發生了爭吵。這對於一向謹慎的男老闆來說，實屬罕見，公司員工都湊上去一聽究竟，Betty也跟著仔細聽了清楚。原來女大學生自恃有男老闆寵著，近來不僅隨意下達號令，昨天還因為怠慢大客戶，導致公司損失慘重。

Betty覺得自己的機會來了。她主動請纓去拜見大客戶，並想盡一切辦法挽回，雖說損失依然存在，但至少公司信譽回來了；同時，她開始主動出擊，幫助老闆修訂了公司章程，實行獎罰政策，如此一來，員工有了積極性，業績大幅上升。如此一番做為下來，男老闆看Betty的眼光就不一樣了，可她知道，這僅僅是個開始，自己「革命」的道路還遠著呢，所以面對男老闆的約請，她從容又淡定地拒絕：「作為員工，這是我應該做的，不需要這種獎勵。」如此溫婉的拒絕，讓男老闆的心情怪怪的。

緊接著，Betty開始製造男老闆和女大學生之間的矛盾，每次遇到男老闆出席活動之類的應酬，她總是有意無意地透露給女大學生，她知道女大學生一定不甘寂寞，一定會纏著男老闆要出席。果然，女大學生開始在男老闆面前嚷、叫，甚至連哭泣都用上了，當浩浩蕩蕩的哭聲從男老闆辦公室傳出來的時候，Betty笑了。一切如她所料，女大學生的不斷折騰最終讓男老闆卻步，兩人很快的分了手。而面對幹練從容的Betty，男老闆不失時機地做了表白。聽到對方說喜歡自己的那一刻，Betty淚如雨下，所有人都以為她是幸運的，其實只有她自己知道，為了這場愛情，她曾經有過多少算計，付出多少等待。

對於輕熟女來說，一定要看穿男人的心。找準時機折服男人，讓他靠近妳；不要輕易去折騰男人，那樣只會讓他離妳越來越遠。

可以不信男人，但一定要信愛情

最難治療的是情傷。

特別是女人，被感情傷過之後，往往容易對男人產生逆反心理，認為天下的烏鴉一般黑，男人沒一個好東西，否定男人的同時，也否定了愛情。

其實，愛情永遠是這世上最美最純潔的東西，只是被某些別有用心的人利用罷了。

一個十八歲的女生面對愛情，憧憬又熱烈，無論這份感情是懵懂時的悸動，還是情真意切的開始，她都願意嘗試。

一個二十出頭的女子面對愛情，渴望又主動，哪怕最後的結局以失敗收場，她依然會鬥志昂揚地期待下一場。

一個三十歲左右的輕熟女面對愛情，從容又遲疑，她不知道以前受過的傷害會不會捲土重來，也不知道如今對自己表白的男人是真心還是別有用心。

相較來看，在愛情之路上走得越久，對愛情的信任度越低，而一個女人總是要從女生過渡到女人，甚至從輕熟到完全成熟。年齡和心態越來越成熟，對男人和愛情卻越來越懷疑，不得不說，這是人生的磨礪，也是生活最殘忍的賦予。

作為一個智慧的輕熟女，就要看明白，過去的情路再坎坷，畢竟也只是一兩個不成器的男人造成的，又或者，那場失敗的愛情當中也有自身的問題。不要把責任都歸咎於別人，別人只是妳的一面鏡子，他有不對，妳也應該自我檢討。

作為一個待嫁的輕熟女，絕對不能輕易就否定了愛情。愛情是通往婚姻的必經之路，跳過這道門檻，婚姻必不成功。如果妳想用一輩子的孤單來對男人做所謂的懲罰，那就是大錯特錯，妳還在埋怨還在痛恨，人家說不定早已經新人在抱了呢。恨只是在懲罰妳自己，好好去愛才有幸福的開始。

無論感情路上受過多大的傷，身為輕熟女，可以不信男人，但一定要信愛情。

男人可以虛偽，愛情卻做不得假，一個凝視妳的眼神，一段為妳徘徊的心思，作為輕熟女，妳不可能分不出真假，只怕當愛情來時，連給妳愛情的男人也會毫不猶豫地相信。

之所以不相信，是因為曾受傷；之所以受傷，是因為當初太相信。

愛情底線與婚姻底線

愛情和婚姻一樣，需要太多東西來維持，所謂的志同道合，所謂的尊重和理解，甚至還有人說是彼此忠誠和堅貞，都是愛情和婚姻最基本的底線。

底線越多的愛情，往往愛得越小心。

底線越多的婚姻，最終只能死在底線上。

對於輕熟女來說，不能要求愛情過於完美，這世上本無完美之人，何來完美之愛？

可以要求愛情專一，可以為愛付出一切，但不要指望愛情只有一個模式。生活天天在變化，愛情自然也不會墨守成規，跟不上愛情的步伐，遲早會被愛情拋棄。

對於婚姻也一樣。兩個人牽手走進一個門，這只是日子的開始，所有矛盾和麻煩都在門後躲著呢，不能把對婚姻的幻想帶進門來，不然早晚有一天會發現，幻想中的婚姻是執手相看兩不厭，而現實中的婚姻則是人在對面手難牽。婚姻需要兩個人共同的努力和成全，需要一輩子的容忍和修煉。

經常會聽到女人說：「我愛的那個男人無聊自私又小心眼，還沒出息，真想甩了他……」說歸說，只要對方一通電話或是一個眼神，她還是樂意上前迎合，分手的事對方不提，她自然更不提。說是糊塗也好，聰明也罷，愛情就這樣堅持了下來，無論男人再犯錯，再不是個東西，她還是願意跟在人家身後不離不棄。別以為這是愛情的偉大所在，也不要以為這是愛情的力量無法擋，其實只是男人沒觸碰到她最痛的那根神經。在她的字典裏，或許無聊自私小心眼都是可以原諒的，如果換成背叛，怕她早就痛罵著跑遠了。

兩個人愛到哪裡就走到哪裡，背離了各自心裏的底線，分手才是早晚的事。

而婚姻裏的女人總會抱怨：「他不持家不管孩子對我不夠細心，典型髒亂的代表，邋遢又窩囊，這日子過得真沒意思……」牢騷歸牢騷，日子照常在過，沒見她不管男人不管這個家，只要男人在身邊，她依然樂意跟在人家身後收拾亂攤子，清洗臭襪子，依然沒完沒了地嘮叨，將日子過成重複，還是樂此不疲。其實，她更明白，男人千不好萬不好，總有一樣好，那就是沒背離當初娶自己的承諾，依然不離不棄地跟自己在一起。

婚姻是兩個人共同的承受，承受的重壓有多少，婚姻就能走多遠。說到底，愛情，你能愛到哪裡，哪裡就是底線；婚姻，你能承受到哪裡，哪裡就是底線。

作為輕熟女，不要在愛情伊始就把它用條條框框釘起來，對於婚姻也不要心存恐懼，愛情和婚姻一樣，都需要變通，只要心中底線不被觸及，幸福是一樣的。

輕熟女法眼：一眼看穿男人心

看透一個男人簡單，只要看他的為人處世，能不能與之成為朋友，主動權完全在於女人自己。

看穿一個男人的心太難，他懂偽裝，善於應對，談笑風生間，女人根本分不出他是真心還是假意。

想看透男人的女人，只要對對方多些瞭解。

想看穿男人心的女人，怕已經對對方動了心。

其實，看穿男人心有很多方式可以試探：語言試探、身體試探、事實試探。

所謂的語言試探，並非讓女人以黃色笑話去挑逗，可以跟他談天說地，煮酒論英雄也未嘗不可，但談笑間，女人眉宇間的風情便足以試探男人的心。一個對女人別有用心的男人，總喜歡自以為是地將女人的風情誤認作濫情，妳敢給他一個眼神的暗示，他就敢給妳一場身體上的放縱。對於這類男人，女人自然可以一腳踢開。

所謂的身體試探，一定要過了語言試探這關之後才能進行。優勝劣汰之後，走到身體試探這關的男人大多很聰明，他們明知女人一再試探自己，卻還是願意接受，這無疑說明，他對妳是真動了心。女人的身體對男人來說永遠是嚮往，不經意的碰觸，會讓他不由自主地作出反應，如果趁無人之時捏妳一把或是吻妳一下，這個男人的色心便可見一斑。真正喜歡妳的好男人面對女人身體的試探只有一種反應——面紅耳赤。如果不是這種反應，那只能說明他是風月場上的老手。

事實試探很簡單，裝個小病，或是家中遇上大事，裝作無意通知男人，看他是否願意效勞，是否真心實意為妳著急。一個女人是否長在一個男人心裏，看他的行動永遠是最有效的試探。

作為一個輕熟女，愛情不易，婚姻更不易，要學會挑男人，要一眼就能看穿他的心。

細節決定男人的愛，大事試出男人的心

細節決定成敗，細節也決定愛情。

面對一個男人的追求，不要被他每天的玫瑰花打動，但絕對可以為他花了心思熬的那碗湯打動。願意洗手做羹湯的男人，除了對妳有滿腔喜愛之外，還說明他有耐心花時間在愛的細節上。

二十九歲的Dana結束了國外的工作回到國內之後，很長時間一直單身，被問及原因，她總是輕笑一聲說：「國內男人都粗枝大葉的，讓人接受不了。」原來，回國之後Dana也試著接觸過幾個男人，在國外生活十幾年的她驚奇地發現，國內男人的戀愛模式幾乎完全一樣：吃飯，逛街，看電影。開始Dana還不好意思拒絕，面對油膩膩的飯菜，沒完沒了壓馬路，還有電影院裏那亦真亦假的哭泣，她終於有一天厭倦了，拒絕再交往。她說：「為什麼相愛的人一定要去飯店吃東西，就不能兩個人在家裏做一頓燭光晚餐嗎？幹嗎吃完

飯以後就沒完沒了地瞎逛，做個閱讀或是乾脆做點公益，不是更有意義嗎？最煩的就是去電影院看電影，租張正版影碟在家看，不是更舒服嗎？」

當然，Dana之所以有這樣的想法，跟她在國外生活的十幾年有關係。可作為男人來說，追求一個女人也不要只做表面功夫，要從內心去懂女人，從細節上投其所好。比如，Dana在吃飯時一定表達過自己的不滿，逛街時一定也沉默過，看電影時眼神是否被電影吸引，這些細節，聰明的男人早應該發現並及時修正。

說到底，觀察細節是一個男人愛一個女人的必修課程。

細節決定男人的愛是否細緻入微，是否情真意切。同樣，遇上大事時男人的第一反應展現的，則完全是他的心。

三十一歲的Vimi最近就被自己的男朋友煩著了。雖說兩人的愛情之路一直順暢，對方的體貼和多情還一度是最令她驕傲的事，可是當自己家中發生變故時，男友的冷漠反應卻讓她很不受用。先是Vimi的母親病重，後來便是哥哥的生意受損，被兩件大事攪得頭痛的她，不得不對男朋友訴苦。卻不料，對方先是安慰，後就是沉默，甚至最後到了一邊聽她訴說一邊玩電子遊戲的程度。看著對方毫無表情的臉，Vimi突然發現，自己離這個男人原來是那麼遠。

愛情伊始是兩個人的事，關心彼此就夠了。當交往加深，彼此身後的家人和朋友也需要關注，當他們發生變故時，對方的關心程度完全就是對你愛的程度。

細節決定男人的愛，大事試出男人的心。

聰明的輕熟女面對自己心儀的男人，不妨多觀察。

多情男人不一定壞，壞男人一定多情

多情男人是女人最忌諱的戀愛對象，感情氾濫，無法掌控。

而相對於壞男人來說，多情男人反而成了一塊寶。

輕熟女吉咪自恃時尚，對待愛情的態度也一度非花樣美男不要。千尋萬尋，終於遇到一位心儀的，對方很像韓國男明星，眼睛裏透著多情的光芒，連笑起來的牙齒都泛著珍珠白，迷得吉咪連吃飯都忘了吞嚥，一副花癡的樣子。為了追到花樣美男，吉咪不惜拿出兩個月的薪水，將自己從頭包裝到腳趾，還製造了無數次意外重逢的機會。這一切努力終於惹得花樣美男開始關注她，從牽手到擁吻，一個禮拜搞定，那幾天對吉咪來說，簡直就是人間天堂，幸福外溢。可是，令她想不到的是，花樣美男太帥，不僅自己喜歡，別的女人也喜歡，看著他和別的女人調笑，吉咪的心一點點涼下來。雖說花樣美男對自己也多情也體貼，但這樣的結局顯然不是吉咪想要的，她更渴望天長地久。

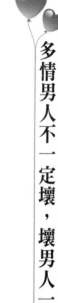

受了傷的吉咪一個人泡夜店到深夜，又不幸撞上了壞男人，對方趁她酒醉時占盡便宜不說，最後還偷偷拍了她的裸照。這些，吉咪不僅不知道，還因為一時失身喜歡上了壞男人。交往數月，壞蛋男不僅對她多情，對別的女人也同樣，幾乎每隔幾天，他就會約出不同的女人，就算見到吉咪也不躲閃，反正大家也沒什麼承諾要遵守，你情我願，無非就是一個專情一個多情。緊接著，壞男人花光她所有積蓄，還時不時威脅她不准離開自己。這時候的吉咪才知道，自己逃離了多情男，卻撞上了一個壞蛋男。

又悔又怕的吉咪，不敢對任何人聲張，只好關起門來自己舔噬傷口，可壞蛋男顯然不想放過她，最後一次要錢無果之後，竟伸手打了她！看著自己嘴角的鮮血，吉咪委屈地打通了多情男的電話，在她的心裏，多情男再不好，至少跟自己在一起時還是很體貼的。

多情男趕來之後，帶吉咪去報了案，壞蛋男很快就落網了。

吉咪彷彿做了一場噩夢。之前她聽說，多情男人很壞，專門偷女人的心，甚至還聽說，壞男人再壞，對家妻和愛人還是十分體貼的。可這一次經歷卻告訴她，多情男人不一定壞，壞男人卻一定多情！

多情男、壞蛋男，都是輕熟女愛情路上的絆腳石，實在踢不開，也一定要學會繞開，不要因一時情迷失了身，丟了心。

別指望妳能感動恐婚男

女人恐婚，是怕愛情被婚姻磨滅，怕瑣碎將浪漫擠走。

男人恐婚，是怕失去自由，怕被一個女人完全束縛。

恐婚男最大的特點就是，不願意為一棵樹而失去整片森林。

輕熟女如果不幸遇上這類男人，一定要適時避開，別以愛為藉口留下來，更別指望妳能感動恐婚男。

一個恐懼婚姻的男人，內心自由大過天。

恐婚男不想被人束縛，喜歡自由自在的生活，這些只是表面的原因，內心真正的原因無非是他過於自私，不願為一個愛自己的女人負責任，去擔當。

一個恐懼婚姻的男人，最想要的不是一枝花，而是一片花園。

在他的意識裏，漂亮女人太多，為哪一個隨便停下腳步，完全是傻子才做的事，在他沒嘗遍百花之前，絕對不會為哪個女人停下來。如同一隻蝴蝶，吃得再飽，始終喜歡在花叢裏穿來穿去沾染花蜜。

一個恐懼婚姻的男人，思想熟透，心靈卻殘缺。

只有想明白了婚姻是怎麼一回事的男人，才真正地拒絕婚姻，恐婚男的思想早就熟透，看穿了婚姻的實質，知道男人進入婚姻是怎麼回事，所以才遠離婚姻。這樣的男人不論行為和思想多成熟，心靈卻是殘缺的，一個拒絕承擔責任的男人，不是一般的自私。

一個恐懼婚姻的男人，多情又無情。

他需要女人，但不需要婚姻；他需要感情，但不需要長久。這樣的男人多情又無情；他願意追求女人，卻拒絕給女人婚姻；他靠近女人時多情，遠離女人時又很絕情。

一個恐懼婚姻的男人，總拿恐婚作藉口。

怕婚姻，怕給不了幸福，怕生離死別，這是許多不肯給婚姻的男人的通用藉口。一個恐懼婚姻的男人，為了不把自己內心的虛偽展示給人看，總拿恐婚作藉口，讓女人可憐又同情。

女人的心是海綿做的，一滴男人的眼淚就可以濕透，以為自己是男人的救世主，以為男人不給婚姻其實是為自己好。

大錯特錯，恐婚男人不是真的恐懼婚姻，他是自私成性。

身為輕熟女，別以為自己有足夠的記憶體就可以感動恐婚男。

他之所以恐婚，只是不想給妳婚姻，如此而已。

表面老實的男人，思想不一定老實

女人看男人的第一眼印象往往是，這個男人是否老實。對於那些看起來憨厚又靦腆的男人，女人喜歡貼上「老實」的標籤。相反，則會貼上「滑頭」的貼紙，以便日後繼續觀察。

其實，表面越老實的男人，思想越不老實。

輕熟女琳達就遇到過這樣一個男人。經人介紹相識時，男人一臉老實相，連為琳達倒杯水，手都是顫抖的，彷彿一個經歷初戀的羞澀男生。可按年齡算下來，男人也算過了千帆閱盡的年紀，所以，琳達有意試探，問及男人的戀愛史，這一問，老實男的臉先紅了：「沒怎麼談過，天天瞎忙呢。」如此回答，倒讓琳達滿意，吃完飯，便同意了老實男一起看電影的請求。電影上演的是什麼，琳達忘記了，唯一有印象的是，自己每次瞥老實男時，他的眼神總在自己臉上。開始她還認為這是自己有魅力，可當走出影院，老實男的手搭到她肩膀上時，心裏還是有種異樣的感覺。

送琳達回家的老實男，一路上話很少，偶爾還會靦腆地笑笑，只是手繞過了肩膀，落進了琳達的手心。不知是有意還是無意，琳達感覺對方的手指一直在摩挲自己的掌心，有些癢，她不得不一次次回頭看老實男，對方依然一臉憨厚。直到回了家，琳達才弄明白，老實男並不老實，當他坐在沙發裏說今晚想留下來時，琳達差點沒把那杯熱咖啡潑到對方臉上去！

原來老實男只是表面老實，思想一直在作祟，吃飯時看自己對他尚且滿意，於是約了看電影，看電影時又一直觀察自己的反應，當確認自己對他不反感時，便直接用行動進行了表達，當老實男的手指輕撓她的掌心時，原來也只是在試探琳達是否接受自己。琳達沒反抗，他以為水到渠成，卻不料，他看走了眼，被琳達直接罵出了家門！

琳達說的沒錯，表面老實的男人，思想不一定老實。用老實的外表作遮掩，一步步試探女人的底線，只要女人不拒絕，他就有可能直接從飯桌跳到床上去。

身為輕熟女，絕不能只看男人的表相。表相是上天和父母給的，思想卻是他自己的。

天天都有時間陪妳的男人愛妳最深

究竟怎樣的男人才算是愛妳最深的？

答案很簡單，天天都有時間陪妳的男人。

一個男人，就算再成功，如果天天不回家，女人也會因寂寞而生恨；就算女人再理解男人，也不要被他所謂的忙搪塞。

其實，越是成功的男人，越有時間陪家人，他會很好地安排自己的時間，哪一份是給工作的，哪一份是留給家庭和愛人的，必分得一清二楚。

沒有誰能強迫男人忙到連陪妳的時間都沒有。

一個男人，如果他不成功，時間就會更多，沒有過多應酬，沒有過多交際，時間自然會空閒，空閒的時間如果不拿來陪女人，只能說明女人在他心上還不是最重要的。

說穿了，越是不忙的男人，越應該天天陪在女人身邊，事業無成倒也罷了，如果連家庭也經營不好，這樣的男人豈不太無用？

沒有誰能證明不忙的人會有更忙的事情。

作為輕熟女，見慣了職場拼殺的男人，瞭解他們的不易，更懂得他們生活的情趣，知道一個真正優秀的男人，總會把自己的時間安排妥當，同時也會把女人放在心上。

對於輕熟女來說，選擇男人除了門當戶對之外，最重要的一點就是看這個男人有沒有時間留給妳，哪怕只是路過妳家樓下，哪怕是沒有工夫喝茶，至少也要有工夫打個招呼。

天天都有時間給妳的男人，說明妳已經在他心上。

天天都有時間陪妳的男人，愛妳最深。

踹掉對舊情人念念不忘的男人

總有男人喜歡尋找一些堂而皇之的藉口，明明跟舊情人藕斷絲連，卻非要說是自己心善心軟，幫了舊情人一把。

真正的原因無非是，這個男人對舊情人依然念念不忘。

男人的心是鐵石做的，又硬又冷，遇上他喜歡的女人，心就軟了熱了，女人就是他的太陽他的一切。一旦愛的感覺沒了，情已逝去，男人的心會再度恢復到硬冷，別指望他會真的記得妳。

在男人的字典裏，女人只有愛和不愛兩種。他會為愛的女人付出一切，他想要心上人的一句讚揚和承認，想得到心上人的愛和回報；對於不愛的女人，男人只會遠離甚至消失，就算哪天在大街上迎面相遇，也不要指望他會認出妳，對於不愛的女人，男人最容易做到的，就是忘記。

偏偏總有一些男人喜歡對舊情人念念不忘。

背著正交往的女人，跑去和舊情人見面、糾纏，沒完沒了。一旦被女人發現，則會以各種理由搪塞：「她過得那麼慘，我能狠心走開嗎？她一直哭，我能不遞條手帕嗎？她那麼可憐，我能坐視不理嗎？」更有厲害的男人會說：「如果妳是她，我更放不下！」振振有辭，將女人問得頓時無言。

身為輕熟女，千萬別被男人的這些藉口所欺騙。

舊情人過得慘也好，哭得傷心也罷，可不可憐，要不要安慰，這些自然有人去理，何必要一個舊情人來安慰呢？又怎會這麼巧，偏偏讓舊情人遇上呢？更不要相信男人所謂的「妳是她，我更放不下」的藉口，若真放不下，當

初為何棄了人家，為何不堅持愛下去呢？

一句話，對舊情人念念不忘的男人，無非就是賊心不死。他希望曾經愛過自己的女人，永遠屬於自己，永遠不要離開自己。可是明明不再愛對方，卻還是如此自私地去做，去念叨，去糾纏，從這一點上來說，這個男人的品質絕對有問題。

不愛一個女人，卻還不捨得放手，對舊情人念念不忘的男人，除了踹掉，別無他法。

噁心的「三不男」

最噁心的男人就是「三不男」。

他們的「三不政策」讓人作嘔：不主動、不拒絕、不負責。

需要說明的是，這套「三不政策」是一個連貫動作。不主動的男人就像那個守株待兔的獵人，等待兔子自己撞過來，女人白撞，男人白撿，獵物如果跟獵人對了眼，不需獵人動手便會乖乖跟回家。女人的主動讓「三不男」做足了順水人情，暗地裏偷笑著使出第二招：不拒絕。

男歡女愛越來越合法，更何況還是女人自己跑進門來要死要活黏著人家的，男人們一直把收容女人當成功德無量的「好事」，他們豈會輕易拒絕這等好事？一對男女在身體上有了關聯之後，結局無非兩種：一是結婚，最終走進婚姻；二是分手，從此老死不相往來。所以哪個女人如果對「三不男」動了心，那她就真的慘到了家，女人的靠近有時候在男人看來就是可怕的信號，更何況妳面對的還是「三不男」，想跟他結婚？不，千萬別想，不然他會毫不猶豫地使出第三招：不負責。

女人是情感動物，付出身體付出愛之後，自然不甘心被拋棄，可「三不男」是外表瀟灑內裏堅硬的石頭，他不會因為妳的一哭二鬧三上吊而心動。身為女人此時才明白，自己開始只是對方眼裏的一隻獵物，肉被吃了，血被喝光，連皮毛最後打折的機會都沒了。

當然，也有強悍的女人，她才不吃「三不男」這一套，連床都上過了，還有什麼是不好意思鬧的？你不負責我就黏，一年不行黏兩年，大有耗上一輩子的架勢！只可惜，誰都明白一個道理：女人的青春永遠不敵男人長。妳在這頭以等待的姿勢耗盡自己的青春，「三不男」卻在那頭一邊享受妳的追求，一邊繼續放蕩，甚至還會在興致來時損上妳幾句：「瞧瞧這女人，一直趕著追我，煩哦煩哦……」遇上這種以不要臉為樂的「三不男」，女人除了自認倒楣、趕緊回頭，還有什麼可說的！

當然，如果有女人強悍到就喜歡這種「三不男」，那也不難，使出渾身解數，堅決要讓「三不男」變成「三步男」！第一步告訴他，小女子我可以主動靠近你，但你得有讓我靠近的資格；第二步點醒他，不拒絕跟你在一起不為別的，只為一個天長地久，如果做不到，那麼對不起，第三步就讓你出局！「三不男」，走兩步，就能看出他是真心還是虛偽！

給他一枚糖，為他剝開糖紙，卻唯獨不給糖果吃，到那時誰勝誰負就不一定了！唯一遺憾的是，這天下的男人總是需要馴服才能成為好馬匹，這才是女人最根本的悲哀。

作為輕熟女，對於「三不男」這個牌子的男人，最好不要靠近。

摳門男，虛情假意

男人的小氣分為兩種：一種是心眼小，一種是摳門。

心眼小的男人性子弱，容易敏感，但僅止於思想活動；摳門的男人則是行動上的小氣，看不到希望便不付出。

愛情路上遇到摳門男，是女人的一種悲哀。

Cherry在三十二歲那年才開始考慮個人問題，家人的逼催讓她心煩意亂，於是不得不相親。可相親這種方式實在不適合她，每次面對不同的男人，吃飯喝茶，木偶似的，最讓她受不了的是，每次看著相親男慢慢騰騰付賬的表情，她都有一種自己掏錢的慾望。

相親男A，見第一面時對Cherry十分滿意，相談甚歡，在餐廳坐了整整一下午，把Cherry的屁股都坐疼了，對方還不結賬走人。最後還是她提醒了一下，對方才一臉尷尬地叫來服務生，一問價錢，表情便有些怪異，嘴裏嘟囔了一句：「一頓飯二千多，夠我一個禮拜的生活費了。」聽聞此言，Cherry差點沒把吃進肚裏的飯再吐出來，這場相親自然不可能再繼續。

相親男B，條件不錯，但為人看著不大方，雖說吃飯很順利結了賬，喝咖啡時，卻把帳單直接遞給Cherry，並故作新潮地說：「男女平等，我不想被妳說歧視女性。」Cherry這才明白，對方是想AA制，這咖啡喝得，真是無味。

相親男C，雖說飯錢咖啡錢都付了，但一個意外的小插曲卻讓Cherry止了步。兩人正吃飯，Cherry的兩個朋友也剛好進餐廳，她本來想把C男介紹給自己的朋友，並隨口說了一句：「一起吃吧。」只是一句客套話，朋友不見得真坐下來，卻見C男一臉不高興，等到朋友離開之後，C男的臉色這才陰轉晴，可他不知道，Cherry的心已開始晴轉陰，她不相信這個男人會有多大出息。

說起來，相親遇上摳門男，實在是件倒胃口的事。

對於輕熟女來說，不僅要看到摳門男的實質，還要看清楚，他之所以摳門，完全就是對妳的一種不承認，或許是為了相親，或許是為了婚姻，總之是帶著目的來的，看到希望他們才會付賬，看不到希望，他們才不願意付出。

一句話，摳門男大多虛情假意。摳門的男人跟朋友交往一定是為了利益，跟女人交往一定是為了某種目的。總而言之，這種人朋友少，更不值得愛，也別指望他將來會在事業上有所建樹。

包裝不可怕，可怕的是偽裝

女人包裝自己，是為了悅人悅己。

男人包裝自己，只是一種個人喜好。

男人的包裝不僅包括服飾，還有他的車飾，甚至手機裝飾，更甚者，連他聽的音樂，噴的香水都是一種自我包裝。他希望透過這些包裝來彰顯自己的生活品味，讓女人更好地瞭解自己。

大多數女人不喜歡男人過度包裝自己，在女人看來，純天然的男人更可靠，那些奇裝異服的男人，反而會給女人一種不安全的感覺。

其實，一個聰明的女人應該透過自己的法眼，一眼看穿——男人包裝不可怕，可怕的是偽裝。

男人包裝的是外在，偽裝的卻是內心。

一個善於偽裝的男人，可以有親切的笑容，妳卻看不出他笑得是真心還是假意。

一個善於偽裝的男人，可以為妳做一切事，但不一定在什麼時候妳才知道，這一切都是有目的的。

一個善於偽裝的男人，能夠讓妳感覺到溫暖和力量，但轉身之後妳會明白，所謂的溫暖和力量，他能給妳，也能給別的女人。

一個善於偽裝的男人，外表或許俊朗或許正經，但內心一定精於計算，妳值得他付出，他才肯出手。

男人的偽裝就像女人慣用的粉餅，擦得多了，便看不出皮膚本來的顏色。

男人的偽裝就像他臉上的那層皮，不撕破，便看不到血淋淋的真相。

善於包裝的男人要的只是外表光鮮，善於偽裝的男人卻只想讓妳永遠看不懂。

偽裝的男人以為，妳看不懂他，才叫魅力，卻並不知道，再笨的女人，也分得清什麼是真誠，什麼叫虛偽。

作為一個輕熟女，如果不幸遇到偽裝男，一定要大膽撕掉他的畫皮，這種男人做朋友尚多餘，更何況還要相愛？

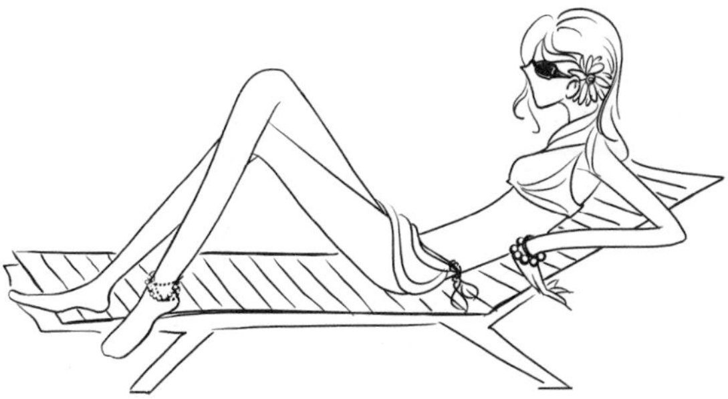

離開不願承諾的男人

多情的男人張嘴閉嘴都是「我愛妳」，卻唯獨不說那句「嫁給我」。「我愛妳」，是對愛情的承認；「嫁給我」，是對婚姻的承諾。

身為女人，如果妳與戀人交往已經很久，付出一切，玫瑰送了，戒指買了，卻總收不到男人的那句「嫁給我」，那就要趁早為自己做打算。

不給女人婚姻承諾的男人，自己心裏肯定也另有打算。這一點在采兒身上得到了印證。輕熟女采兒是標準的賢妻良母型女性，性格溫和，待人客氣，是做妻子的最佳人選。可偏偏相處四年的男朋友卻一直不給她承諾，每次被采兒逼急了，他只會說時機未到。其實，兩個人工作和收入都屬上等，房子車子已然具備，采兒不知道是不是對方還沒做好心理準備，所以也不敢問，只好等。這一等又是兩年過去，當年二十幾歲的青春年華，一下子蹉跎到三十開外，就算她還可以等，可家人已經急了。所以，采兒不得不想辦法跟男朋友溝通。可是，還沒等她開口，事實卻把她的心撕碎了。男朋友在一年前已經背著她和自己的女上司交往，據說那個女人能讓他少奮鬥十年，男朋友最後的告白說得也算「情深義重」，他告訴采兒：「男人需要成功，我不成功就沒辦法給妳更好的生活，我不想耽誤妳，還是分手吧。」聽聽，這就是男人，明明自己踩著女人的肩膀連升三級，背棄女人時還要說出如此委婉的話來！這時候的采兒才真正明白，男朋友一直不談婚姻，不是心理上沒做好準備，只是從來都沒準備給她婚姻罷了。

作為女人，愛情裏最忌諱無止境的等待。一個不肯承諾的男人首先就是不夠愛妳，與其在不愛自己的男人身上浪費時間，不如早些跳出去尋找屬於自己的那個人。

作為輕熟女更要明白，愛情不等人，時間更不等人，為一個不肯承諾的男人輾轉，不如多愛自己一些。

不給女人承諾的男人，是心比天高的男人，他渴望找到更好的女人，妳不過是他的一塊跳板，是他臨時的安慰。

不給女人承諾的男人，必不是真愛妳的男人，不要被他的花言巧語蒙蔽，對於女人來說，一千句「我愛妳」也不抵一句「嫁給我」。

聰明的輕熟女，一旦遇到此類男人，應堅決踢開！

過於好面子的男人嫁不得

男人好面子並非大過，但是如果過於好面子，只能說明他內心過於自卑。

Gill的前任男友就是一個過於好面子的男人。

當初相識時，Gill愣是等了半個小時，等到對方慢條斯理趕來才知道，他只是想去買一束花，所以才遲到。對於女人來說，初次見面就收到男人送的花，是件很幸福的事，所以Gill就跟對方交往下來。

交往的一年多時間裏，Gill越來越發現，男友很看中自己的面子，請朋友吃飯，一定要去最貴的餐廳，賬也一定搶著結。後來聽說這是因為過去他太窮，如今發達了就要讓朋友們知道。去見雙方老人，禮物買得不僅又多又貴，且家中所有親戚人手一份，這一筆龐大的花費算下來，讓花錢從不心疼的Gill都感覺頭痛，要知道，男友給自己家人付出多少，自己就要回報他多少，這筆人情債是躲不過去的。讓她吃驚的是，後來聽說男友之所以花巨本投入，是因為他之前的女朋友就是嫌棄他窮才告吹的；最令Gill感到難以接受的是，男友帶她出席活動，不僅對她的著裝指三道四，連對她粉底的顏色都要品評一二，開始Gill還能接受，可是當她聽到男友指著宴會上某個妖嬈女子對她說：「做女人就要像人家那樣，這樣男人才有面子。」一個男人嫌女朋友丟了自己的面子，這是所有女人都難以接受的，更何況還是各方面條件都自認為不輸任何人的Gill，Gill毅然選擇了分手。

一個男人過於好面子，不僅會給自己造成壓力，對自己身邊的人也是一種壓力。

所以，女人最好別嫁面子男。

對朋友好面子的男人可能是講義氣，還可能只是對朋友的一種炫耀：過去的窮小子不見了，如今你們睜大眼睛看看，我也有成功的一天。

對女人好面子的男人可能是真的在付出，更可能是因為在過去某段感情裏曾經受過傷，他怕再被女人瞧不起，所以打腫了臉充胖子。

男人愛面子是本性所致，但過於好面子則一定是心理某些層面發生了改變。

聰明的輕熟女，要學會分辨男人是愛面子還是過於好面子，對那些過於好面子的男人，還是不接觸為好，不然總有一天，他為面子累，妳為他累。

追求完美的男人讓他繼續孤獨去

網路上曾經流傳過一個完美男的故事。

大意是，這個男人自我感覺是最完美的人，煙酒不沾，小姐不找，職場得意，外形英俊，可只有一樣不完美——沒找到合心意的完美女人。

聽起來，這像完美男人在找一個完美女人以成全某段完美的愛情橋段，細加分析會發現，所謂完美的男人其實並不完美。

身為男人，不要以為自己無不良嗜好，作風傳統，事業有成，就算得上好男人。就算沒有大紕漏，小瑕疵一定也存在，人無完人，更何況還是自古以來被人稱為「粗枝大葉」的男人呢？

身為女人，遇上那些追求完美的男人，就讓他繼續孤獨去吧！

就算妳做得再好，在追求完美的男人眼裏，總還是不夠完美，就算妳再努力，他也不會知足，女人總有一天會累死在男人追求完美的過程裏。

有一個女子曾對完美男的PO文做過反擊，聲稱自己曾經與一個完美男談過戀愛，此男不允許她吃飯時嘴巴發出聲音，而自己卻一邊吃一邊挖鼻孔；此男要她天天裸妝示人，而自己卻天天換各種牌子的香水；此男不准她應酬太多，而自己卻到處留情……

想來，所謂的完美男，就是只看到別人身上的缺點，卻忽視自身缺點的無知男。

身為男人，如果不能及時發現自己身上的缺點，又有什麼資格對別人橫加指責？

身為女人，跟自身不完美卻要求妳樣樣完美的男人在一起，又豈能得到真的幸福？

對輕熟女來說，遇到的熟男往往年齡不小，雖說成功男多一些，但要求完美的男人一定也不少，越是熟男就越容易要求女人完美，在他們眼裏，既然自己是成功人士，那麼就有資格要求女人完美一些，男人的成功和女人的完美就這樣被他們無知地畫上了等號。

如果不幸遇到完美男，別再以淑女對待，不妨大聲呵斥一番，祝他繼續孤獨。

被動去愛，不如主動去踹

女人天生的矜持本性，註定了她們在愛情裏不會採取主動，總是被動去愛。

可是在男人當中，總有一些敗類，吃定女人對自己的愛，一邊享受女人的愛，一邊糟蹋女人的心。

Lee是一個三十歲的輕熟女，不上不下的年紀讓她對愛情充滿渴望，又充滿矛盾，眼見著身邊的好男人一個個都有了女伴，不得不加緊行動。可性格相對保守的她，面對心儀的男人總是主動不起來，怕主動了會嚇著對方，怕主動了會讓對方瞧不起，所以只好看著心儀的對象一個又一個消失，再任由那些並不心儀的男人一次又一次追求。好在，Lee是個對愛情要求並不高的女人，她只希望對方足夠愛自己，別無他求。

這樣的男人還真出現了，雖說只是派對上的一個陌生人，但從陌生到熟悉花費的時間也不長，男人身上有令Lee欣賞的地方：比如他雖然職業不佳，但收入尚可；比如他雖然長相一般，但K歌是王者；比如他雖然說話不太注意場合，但有說真話的勇氣。誰知兩人交往兩個月之後，男人身上的這些優缺點卻開始顛倒：收入好的他花費也大，胡吃海塞，完全不懂得積蓄；K歌好是優點，可每逢朋友相聚，除了K歌還是K歌，完全不顧他人感受；說真話雖說算得上可愛，可面對Lee的朋友，男人也不懂得掩飾，連她後背的一顆小痣都要說出來，鬧得眾人議論紛紛，以為他們交往到了很深的地步。其實那不過是Lee無意間透露給男人聽的，如今卻被他拿來炫耀，這讓Lee非常受不了。

嘗試過溝通，也嘗試過努力，可男人的表現越來越讓人不滿，這時候的Lee才相信一句話：物以類聚，人以群分。她和男人性格不同，生活環境不同，自然不能要求處在同一條起跑線上。可是男人待她還是很好，總記得她喜歡吃的菜、她的生日，如此一來，Lee的心又軟了。可是，雖說交往是繼續下來，可她心裏總感覺某個地方少了一種感覺，說不出是什麼，就是覺得不舒服。隨著時間推移，男人的約會和男人的電話，她都不想理，可她不理，對方就主動上門來約，她又不得不應付……

被動去愛的女人，容易成為愛情的傀儡，被另一方推著往前走，但自己是否快樂，只有自己知道。

作為一名輕熟女，矜持雖是美德，但也不能事事都矜持，與其被動去愛，不如主動去踹！

被動去愛的女人太委屈，主動去踹的女人需要勇氣。

可是，不踹掉壞的，哪還有機會迎接好的？該踹就要踹！

嫁豪門是個綜合學科

是女人，就沒有不想嫁入豪門的。就連灰姑娘都幻想得到一雙水晶鞋，更何況當下生活在現實中的女人呢？母以子貴，女星們就像舊時宮廷裏的娘娘，哪個生了兒子，哪個臉上才有光，其公婆也必然會大方地賞了又賞。所以，徐子淇、小S、劉濤等女星們生了女兒之後，又不惜一切地趕緊懷上二胎、三胎，甚至有迷信的還跑去燒香求子，只盼生出一個兒子來。那些怕生孩子、怕身材走樣的女星們便止步了，要知道，進入豪門第一件事便是生子，如果妳連著生了女兒，必是不能就此做罷的，得有徐子淇那樣的勇氣，不延續香火決不甘休，堅決把生育學研究下去，直到生出兒子為止。

生了兒子，只是獲得了地位，要想在豪門中的地位更穩固，還要走好第二步——哄公婆。把老人哄好了，妳才能有口碑，外人看的只是妳的表面，媒體的評價也只是道聽塗說，只有豪門之內掌權的二老說妳好，那才叫真正的合格。所以，哄老人開心，讓他們從心裏接受妳，這是女星們必須做的準備，甚至還有女星稱這是門極其重要的關係學，搞好內部關係，才能真正做到共贏。如果像賈靜雯那樣，失去了公婆的支持，結果連女兒都差點見不上，豈是一個「慘」字了得？

當然，前兩步走好之後，最終還要看女星跟自己的老公是如何相處的。哪個有錢的男人會是冰清玉潔的？過去的舊情是否能斬得斷？如今的風流慣性是否停得下來？對妳好不好，對家顧不顧？這些都是大問題。劉鑾雄的名字在女星們眼裏就是財富的代名詞，風流過後，地下女友為其產下一女，正牌女友呂麗君大發脾氣，公開說那孩子不是劉的。這一招很損，不僅讓她自己丟了身分，還讓劉對她失去好感，而那個背後的女人則占了上風，不聲不響地浮出水面，安靜地抱著懷中的嬰兒等待劉的安置。試問，哪個男人捨得把給自己生孩子的女人趕出家門？所以，地下女人贏得很漂亮，連口水都省了，輕而易舉上位。這女人也蠻有心計，她儼然把這場爭鬥研究得很透徹，有以靜制動的智慧。

豪門婚姻不僅讓女星們體會了生育學，討好公婆時還讓她們適應了關係學，在時刻跟小三小四作鬥爭的過程中，她們更是修煉得無比智慧。想來，嫁豪門已然成為女星們的一門新學科，入學前的學習，入學後的鍛鍊，著實非一般人能承受得了。承受不了？對不起，門外候著吧！

前車之鑒，嫁豪門是個綜合學科，需要學的太多。作為輕熟女，如果沒有這身本事，就要仔細衡量一番——豪門是否適合自己。

豪門不是沒有，機會不是沒有，勇氣不是沒有，所差的，是一身修煉。

女人最需要的是名分

不論是進豪門，還是入寒舍，女人最需要的是名分。

謝霆鋒的太太張柏芝平安生下第二子，為謝家再添一孫，可謂功德無量，在當時，不僅丈夫謝霆鋒不離左右地伺候，謝家人更是上上下下地奔忙，醫院一時被謝家人的星光照亮，可謂風光無限，就像張柏芝在後來的電視採訪中說的那樣：「我沒覺得生產有多痛苦，相反很享受這個過程。」說這話的時候，觀眾們看到的是滿面紅光的她，幸福至極。

與此同時，嫁給傳媒大亨馬延強的黎姿也被傳入院待產，馬家人嚴陣以待，以八十萬元的價格入住豪華產房，丈夫馬延強更是興奮得放下一切工作作陪，對愛妻充滿了無盡的感激。可見，孩子對一個家庭來說是何等重要，更何況是家產不菲的名門望族，更需要有後代來繼承。

對於名門望族來說，與其說生個孩子來延續香火，不如說生個孩子來繼承家產更恰當，所以女人們願意生，男人們願意要。當然，這個過程就像張柏芝說的那樣，是一種幸福的疼痛，是很美很享受的一個過程，女人只有在生孩子的時刻才，能充分體會到丈夫和婚姻的好處。

然而，就是有人願意單獨來做這一切。比如，「生生不息」的梁洛施，再次為李家添兩子的她，把香港首富李氏家族推到了娛樂的風口浪尖上，三子加身的梁洛施無疑成了全港最富有的媽咪，母憑子貴。然而，就算如此，也鮮見梁洛施在香港媒體上露面，不似張柏芝那樣張揚，也不似黎姿那樣受孩子父親的憐惜，聽說在她生雙胞胎的時候，李澤楷以工作走不開為由沒能陪同生產，爺爺李嘉誠也只是在孩子出生後通過視頻看了一眼自己的孫子。這樣的待遇對梁洛施來說或許已經是恩典，但她心裏一定也是有遺憾的，畢竟李澤楷只能給她錢，讓她拿去花吧！願花多少有多少，除了人不在身邊。

女人懷孕生產時期是最需要呵護的，跟錢的多少沒關係，那是一種心靈上的安慰，這一點，梁洛施得不到。她不像張柏芝跟黎姿那樣，名正言順地享有夫家姓氏，就算李澤楷天天跟她在一起，少了一個名分，她終究還是怯場的，就如同李家祭祖一樣，永遠沒有她的份兒，連李澤楷拿出手機裏的照片給地下的母親看，也只有兒子的照片，與她無關。

生產時的風光，只是母憑子貴的風光，以後的寂寞，卻是她一個人的寂寞。

同樣都是生孩子，張柏芝高調地談自己的幸福，黎姿肆意地享受丈夫的關愛，而梁洛施卻只能遠居國外，一個人靜靜地等待，等待李家給自己一個名分。

女人，最需要的是名分，別說什麼愛了就足夠，不需要天長地久，這藉口先是男人拿來騙妳，後來就會變成自欺欺人。沒有名分的女人給不了孩子一個完整的家，給不了眾人一個瞧得起妳的理由，是一輩子的遺憾。就算到時候男人扔再多錢給妳，又有什麼用呢？怕到死時連墓碑都是孤零零的，沒有人陪伴。

話是難聽了些，但卻是事實。

好男人必備十大優點

女人總在感歎找不到好男人，卻並不知道，也許好男人出現時，自己卻沒有發現。

好男人身上的優點很多，但如果具備以下十個最重要的優點，那女人就要趕緊抓牢嘍！

一、欣賞妳

懂得欣賞妳的男人才會更愛妳，因為只有他能看到妳的內在，而懂得欣賞女人的男人，一定是用心在感受，不是用眼睛在看。

男人只有放下了視覺，才是真的很愛一個女人。

二、相信妳

人與人之間做到信任很難，特別是讓戀愛中的兩個人相互信任。就因為太愛，所以無法放開，一個男人如果能夠給愛人足夠的信任，那這個女人無疑是最幸福的。

讓男人相信一個女人難，但讓他去懷疑一個十分信任的女人更難。

三、放縱妳

讓男人寵愛容易，讓男人放縱卻難。一個男人願意無條件地放縱一個女人，除了愛，還有足夠的信任。

男人愛妳並信任妳，才會放縱妳。

四、願意聽妳嘮叨

女人的嘮叨能夠殺人，沒完沒了，可若是遇上一個男人喜歡聽妳嘮叨，眼神裏全是憐惜和愛護，那他一定很愛很愛妳。

喜歡聽妳嘮叨的男人，最想做的，是把妳內心的煩惱除掉。

五、願意為妳洗腳

為女人洗澡、洗頭、洗衣服，是愛，但為女人洗腳，一定是深愛。在男人眼裏，妳純潔到連腳都是香的，還有什麼不可以？

如果有男人為妳洗腳，請一定好好珍惜。

六、帶妳走進他的朋友圈

男人的朋友圈，女人很難走進去，但只要他願意帶妳去，一定做好了兩樣準備：一是向朋友炫耀自己的女人；二是向女人證明，妳已經完全擁有他的生活。

敢帶女人走進自己朋友圈的男人，不僅很愛女人，為人一定也磊落。

七、需要時為妳指點

在女人需要幫助時適時做下指點，就如同在男人需要安撫時，女人適時的撒嬌和溫柔。誰都有迷路的時候，關鍵看妳迷路時，他願不願意拉妳一把。

不時給女人指點的男人不一定強大，但適時為女人指路的男人一定聰明。

八、以家庭為重

以家庭為重的男人，最有責任心。他知道家的重要，也明白家裏等待自己的那個女人是多麼可貴，所以一般不會做太出格的事。

心中有家的男人，心中就有妳。

九、說的少，做的多

男人嘮叨叫碎嘴，男人沉默叫內斂。大多數男人喜歡為心上人多做實事，少說話，他們想讓女人看到的是成果，而非過程。

說的少，做的多，這樣的男人最可靠。

十、愛屋及烏

因為愛妳，所以他願意對妳的家人和朋友好，一切的付出只因有妳。這樣的男人深情且用心，他像一隻展翅的鵬鳥，既願意承載妳，也願意承載妳的一切。

能夠愛屋及烏的男人，無私，又有擔當。

寧要一手剩男，不要二手離婚男

很多人喜歡說：一婚男人是根草，二婚男人是塊寶。

於是，就有人依照這個傳說向二婚男人前赴後繼地奔去！

對於一個不曾經歷婚姻的輕熟女來說，寧要一手剩男，也堅決不要二手離婚男。

一手剩男可能因為自身條件差，或者是腦子不開竅，不懂得說甜言蜜語來哄女人，不懂得什麼叫風情，什麼叫風趣，所以被無情地剩下了，只要給他一個愛的機會，相信他一定會好好表現。

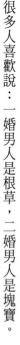

二手離婚男就算事業有成，就算離婚時情不得已，就算他優秀得令天下所有男人失色，可畢竟他有過一次婚姻，這次婚姻是他心裏的一塊疤，揭不揭都有傷痕。再說，婚姻裏的傷害總是相互的，一個巴掌拍不響。

三十歲的輕熟女安妮，曾經有過一段和離婚男交往的戀情，雖說相識時，對方已經離婚兩年多，可每次見面，離婚男總會觸景傷情地說起前妻對他的傷害。開始，安妮還會深表同情，可漸漸地她發現，離婚男就像一個被人拋棄的怨婦一樣，喋喋不休。隨著交往的加深，安妮又發現，浪漫已經死在了離婚男的心裏，除了颳風下雨之外，平常他從不會去接安妮下班，如果安妮抗議，離婚男就會說：「又不是小孩子了。」一句話噎得安妮無語。到了情人節，當滿大街都是玫瑰的時候，安妮收到的只是離婚男親手煲的一碗雞湯，雖說民以食為天，可畢竟是情人節，每個女人都想要點小浪漫，離婚男卻說：「浪費那個錢做什麼？玫瑰又吃不進肚子裏。」一句話說得安妮對著那碗湯，喝也不是，不喝也不是。

還好，安妮思想還算成熟，她相信別人說的「二婚男人是個寶」，至少他不會再輕易離婚吧。可是，她的算盤又打錯了，離婚男會不會再離婚不知道，她只知道，幾番試探之後，離婚男的意見很明確：「近幾年不想結婚，多瞭解一下，或者先同居也不反對……」當聽到「同居」這個詞時，安妮所有的幻想都破滅了。

離婚男的內心或多或少都受過婚姻的創傷，拋棄前妻的離婚男一定忘恩負義，被前妻拋棄的離婚男容易嫉恨女人，不再相信女人。前者好不容易擺脫婚姻的束縛，自然不會輕易走進婚姻再接受另一個女人的監督；後者雖說是被迫離婚，但對婚姻的恐懼使他不得不謹慎對待再婚，所以別指望他會很快就娶妳回家。

對於輕熟女來說，歲月不等人，別為了一個離婚男無休止地浪費時間。就算他是塊寶，可這塊寶是先前的女人所開發，他身上的標記永遠屬於前妻。

與其為二手離婚男付出努力，不如將這份心思轉移到一手剩男身上，雖說他不夠完美，不夠優秀，但畢竟是塊屬於自己的璞玉，用心打磨，總有一天會變成美玉。

再難也要嫁得好

嫁人難，嫁個好人難，嫁個相互深愛的好人更難。

這是許多輕熟女經常發出的呼喊。

其實，人無完人，男人更不可能樣樣完美，對於愛情的要求要簡單，只要感覺對了，兩人情投意合，在生活上又能合拍，他就是最好的人生伴侶。

世上不缺好男人，缺的是女人善於發現的眼睛。

只要跟一個男人相處感覺愉悅，那麼就可以交往試試，感覺是第一眼的，且往往容易走神，但感情是要用時間來培養的，只要基礎打得牢，總有一天會開花結果。

有個不錯的男人陪在身邊，雖說沒到情濃處，但只要兩個人有共同的喜好，並願意向著這個喜好出發，一起做到完美，感情自然會越來越深厚。用共同的喜好，打造一段深厚的情意，將來就不怕外面誘惑多多。

生活是每個人的老師，讓相近的人走近，讓不相干的人逃離。選個跟自己生活合拍的男人，這樣的感情才會長久，才有發展的必要。「門當戶對」說的不是過去的貧賤等級，而是當下的條件相當，只有兩個對等的人，才能在蹺蹺板兩端保持平衡。身為女人不要把自己想得過於偉大，以為可以化身為高貴公主去拯救落魄王子。

婚姻是女人步入現實的一道門，打開它妳會看到：生活很重要。

身為輕熟女，對自己的年齡不必在意，尋找真命天子不在一朝一夕，人人都在等待深夜曇花的盛開，就因為它珍貴又特別，愛情也一樣。

身為輕熟女，對自己的資歷可以充分相信，那麼多風雨都經歷過了，對於婚姻，再難也要嫁得好。

是的，給自己一個信念：再難也要嫁得好。

女人想嫁得好，並非只有入豪門，在女人心裏，懂得憐惜自己的男人是塊寶，嫁一個真愛自己的好男人，這才是女人最想要的。

相信愛情，所以堅守。

渴望婚姻，所以堅守。

輕熟女對於愛情和婚姻的堅守，總有一天會得到回報。

國家圖書館出版品預行編目資料

戀愛心指南. 3, 相信愛情，嫁個好男人／孫明一編著. -- 初版. --
新北市：菁品文化, 2013. 12
面；　公分. --（Turn.com；48）

ISBN 978-986-5758-08-0（平裝）

1. 戀愛　2. 兩性關係

544.37　　102021194

Turn.com 048
戀愛心指南 3：相信愛情，嫁個好男人

編　　著　孫明一
發 行 人　李木連
執行企劃　林建成
封面設計　上承工作室
設計編排　菩薩蠻電腦科技有限公司
印　　刷　普林特斯資訊股份有限公司
出 版 者　菁品文化事業有限公司
地址／23556 新北市中和區立德街 211 號 2 樓
電話／02-22235029　傳真／02-32348050
E-mail　jingpinbook@yahoo.com.tw
郵政劃撥　19957041　戶名：菁品文化事業有限公司
總 經 銷　創智文化有限公司
地址／23674新北市土城區忠承路89號6樓（永寧科技園區）
電話／02-22683489　傳真／02-22696560
網　　址　博訊書網：http://www.booknews.com.tw
版　　次　2014年元月初版
定　　價　新台幣220元　（缺頁或破損的書，請寄回更換）

ISBN　978-986-5758-08-0

本書 CVS 通路由美璟文化有限公司提供
原書名：可以不信男人，但一定要信愛情